CB068984

Cela

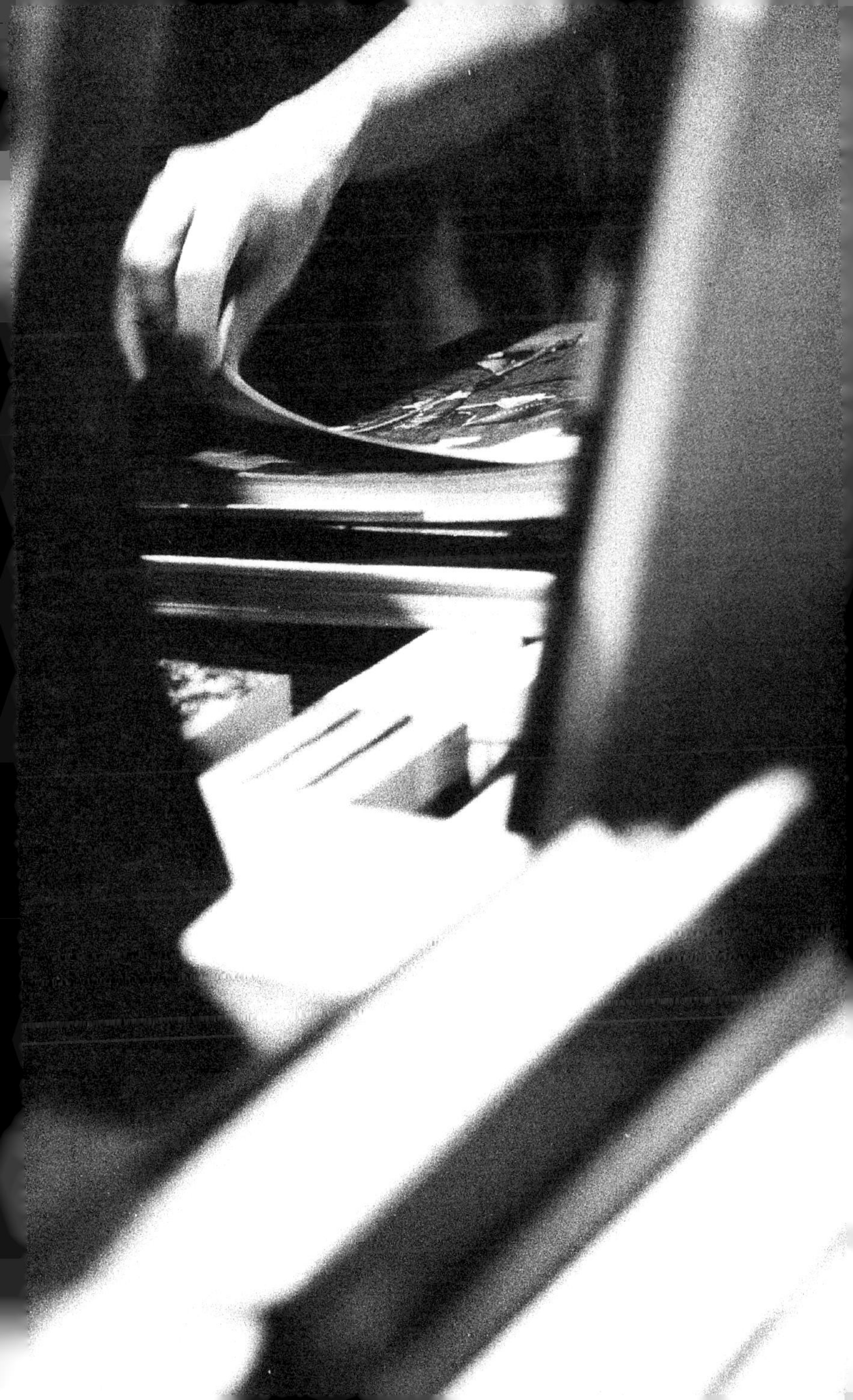

Thereza Christina Rocque da Motta

A VIDA DOS LIVROS
Autor e editor na experiência editorial

Ibis Libris
Rio de Janeiro
2010

Copyright © 2010 *Thereza Christina Rocque da Motta*

Editor: *João José de Melo Franco*

Imagens: *fotografias de capa e miolo de Paulo Batelli*

1ª edição em julho de 2010.

Motta, Thereza Christina Rocque da, 1957–
A vida dos livros : Autor e editor na experiência editorial. /Thereza Christina Rocque da Motta. - Rio de Janeiro: Ibis Libris, 2010.
176 p., 20 cm.

ISBN 978-85-7823-037-1

Impresso no Brasil.
2010

Direitos de edição reservados a Ibis Libris.

E-mail da autora: *therezaeditora@ibislibris.com.br*

Ibis Libris
Rua Almirante Alexandrino, 2746-A
Santa Teresa | 20241-263 Rio de Janeiro | RJ
Tel. (21) 2556-0253

www.ibislibris.com.br
ibislibris@ibislibris.com.br

Associada à LIBRE desde 2002.
www.libre.org.br

ÍNDICE

Dedicatória, 9

1. A experiência editorial, 15
2. Ah, as traduções..., 20
3. Por que os livros são diferentes, 22
4. O primeiro livro a gente nunca esquece, 25
5. Felicidade é editar um livro, 28
6. Ao editor, o livro, 32
7. O que aprendemos nos livros, 34
8. Publicar ou não publicar, 36
9. O escritor viajante, 37
10. A substância dos sonhos, 40
11. A gestação de um livro, 42
12. Escreva, escreva, escreva..., 45
13. Primeiro, olha-se a capa..., 49
14. Revisão, ainda que tardia, 54
15. Tomando chá com o autor, 60
16. O ofício de editor, 64
17. Os dez mandamentos do livro, 68
18. Biblos, 73
19. Livros à mancheia, 74
20. Perguntas mais frequentes (O FAQ dos livros), 77
21. Salvos pela palavra, 80
22. Autor de primeira viagem (1), 82
23. Autor de primeira viagem (2), 85
24. À espera do livro, 86
25. Revisão em andamento, 88
26. Eu escrevo alguns poemas..., 90
27. A experiência da pressa, 92

>>>

28. A Biblioteca de Alexandria, 95
29. Divulgação x distribuição: a cigarra e a formiga, 98
30. Na Boulder Bookstore, 103
31. Onde nascem os livros, 105
32. 50 anos da morte de Camus, 108
33. Livros, melhor não tê-los..., 113
34. As viagens de um livro, 116
35. Um grande desafio, 119
36. A natureza não dá saltos, 122
37. As lições do livro, 124
38. O tempo dos livros, 126
39. Onde tudo começa, 128
40. "É emoção o tempo todo" (1), 131
41. "É emoção o tempo todo" (2), 135
42. Livro é um ser vivo, 138
43. O espírito dos livros, 144
44. Os vários lados de um livro, 147
45. Ao alcance da mão, 149
46. Os livros imitam a vida, 151
47. Livros que marcam, 154
48. O refúgio dos livros, 156
49. Assim como as pessoas, os livros nascem, 158
50. Nascer com os livros, 159
51. Livros de uma vida inteira, 162
52. O livro altruísta, 165
53. A vida dos livros, 168

Sobre a autora, 171

DEDICATÓRIA

Este é um livro dedicado a todos que me fizeram escrevê-lo, escritores, amigos, poetas e leitores atentos, e para eles o livro foi feito, além de todos os outros que poderão aproveitar os conselhos, os relatos e as experiências.

Para me ajudar a escrevê-lo, criei um blog que chamei simpaticamente de Ibis Libris Book Log (ibislibrisbooklog.blogspot.com), onde iria registrar o dia a dia da editora, com todas as suas idas e vindas, e publicar igualmente os comentários dos incentivadores, que transcrevi aqui.

Desde que ingressei (de vez) para o mercado editorial em 2000 ao fundar a editora, descobri que pouco ou nada se sabe sobre o ofício de editor, que tudo o que eu fazia era novidade para a maioria das pessoas.

Como edito livros desde 1980, para mim, isso já fazia parte da minha fisiologia. Abrir a editora foi um passo a mais, para o qual eu precisei só de um empurrãozinho de um amigo que me pediu que lhe editasse o livro.

Há dez anos eu nem pensava em ter mais de 150 livros publicados. Isso somado aos que publiquei desde 1980 já deve passar de 200.

Sem saber, o mundo das pessoas gira em torno de livros – livros que elas leram na infância, de histórias que foram contadas para elas, livros que leram na adolescência e juventude, e há uma tendência natural para que os escritores nasçam desses ouvidores e leitores de histórias.

É justamente essa preservação da escrita tão debatida entre os editores de livros mais preocupados com o patrimônio cultural que nos foi legado e que legamos à nossa descendência, que tentei apontar. É essa consciência que temos de manter viva, além dos negócios. Fazer livros não é só ganhar dinheiro. Não é isso para muitos autores. O dinheiro é um bônus. O ônus é fazer livros que valham a pena ser lidos.

TCRM

Elogio da pequena edição*
Pierre Jourde

As pequenas editoras exercem, ao menos, quatro funções essenciais: permitir que jovens autores consigam a publicação de suas obras; garantir a sobrevivência de gêneros pouco comerciais; proporcionar a passagem pela França de uma parte importante da literatura estrangeira; e reeditar certos escritores esquecidos.

*Tradução de Leonardo Rocha.

Imagens
BRASIL
CORONKI

A Vida dos Livros

A EXPERIÊNCIA EDITORIAL

Comecemos pelo início: como se faz um livro? Não se trata apenas de juntar textos e colocá-los entre duas capas. Há muito trabalho a ser feito antes disso. Há que se revisar os textos à exaustão, fazer checagens de inúmeros termos, conferir a ortografia e a gramática, consultar o léxico e o dicionário, dirimir dúvidas e, ainda, contar com o acaso para que alguma palavra escrita errado salte do texto e avise: "Olhe, eu não me escrevo assim".

Pois é esta experiência que tenho a intenção de contar, animada pela ideia de que não é todo mundo que sabe por onde passam os caminhos para se editar um livro – seja qual for. Por menor que seja o livro, os erros pululam, e somos sempre vítimas do esquecimento, da negligência, da ignorância e do despreparo.

Desde 1977, publico o que escrevo, seja em jornal, revista ou livro. A primeira chance veio no jornal *Análise*, do DCE do Mackenzie, onde eu havia acabado de entrar na Faculdade de Direito, e mostrei, ao acaso, um poema a um recém-amigo e ele disse que precisaria publicá-lo no *Análise*, e me apresentou ao pessoal da redação do jornal do Diretório Central dos Estudantes, alunos principalmente da Arquitetura, muito inteligentes e instruídos, que já haviam ganhado um prêmio com a publicação no ano anterior.

Meu poema foi publicado na íntegra e tinha um título curioso: "Subjetivo objetivo". Se agradou ou não à maioria das pessoas, não sei. Ninguém veio me dizer que não gostou, só um, eu soube, que perguntou se não era gozação: eu estava falando bem da Universidade e isso pareceu desaforo. Coisas que a gente só aprende na faculdade.

Mas a sorte estava lançada: eu não viria a sair do *Análise* senão alguns anos mais tarde, em 1980, quando já havia fundado um grupo de poetas, o Poeco, e lançado cinco antologias, realizado três concursos nacionais de poesia e juntado mais de 20 poetas que se reuniam semanalmente aos domingos para ler seus poemas.

A experiência editorial começou justamente publicando livros em gráficas de fundo de quintal – onde começa toda e qualquer atividade de impressão, sempre do menor para o maior. Na época, o computador mal existia e as máquinas IBM faziam o serviço: tudo tinha de ser digitado para fazermos os famosos "past-ups", colados sobre páginas de papel sulfite, que depois gravariam as chapas de papel e o livro saía disso, dessa composição e montagem, desse desprendimento altruísta, desse ímpeto de se tornar lido.

Os anos eram propícios: em 1978, conheci a redação e as oficinas dos Diários Associados, na Rua Sete de Abril, onde trabalhava o diagramador do *Análise*, que fazia um bico para diagramar nosso jornal. Foi no *Análise* que publiquei meus primeiros poemas e, a partir daí, tudo o que veio depois determinou o que eu iria fazer a seguir.

A poesia tem essa capacidade aglutinadora de unir pessoas, de trazer aqueles que precisamos encontrar. A literatura, em sua expressão maior, tem essa mesma capacidade, possibilitando encontros que seriam improváveis em outras situações. Por isso, a experiência editorial é tão evocativa: ler e fazer-se ler faz parte do cotidiano, e como preparar um texto para ser lido e publicado é a função básica e primária de um autor e seu editor.

Publicar tornou-se (e é), em todos os tempos, a atividade primordial do ser humano, depois de plantar para comer, construir para morar e sobreviver às catástrofes.

Assim, cada livro tem sua história, desde o momento em que o autor se prepara para escrevê-lo, até levar os originais a um editor, ou editá-lo ele mesmo, e materializá-lo com capa e tudo o que tem direito. Cada livro tem suas peculiaridades e seu percurso, seu tempo e seus desvios, suas esperas e surpresas – sejam boas ou más. E é preciso ter paciência para acompanhá-las e compreendê-las. E é a história sempre surpreendente de cada livro, dia a dia, que pretendo contar – se me permitem seus autores, por que quando penso que já vi e vivi tudo quando se faz um livro, descubro algo inusitado ou inesperado, que transforma o livro em "único".

E essas histórias valem a pena ser contadas.

Rio de Janeiro, 6 de setembro de 2009 – 10h35

Prezada Thereza,
Gostei muito da singularidade de seu blog. Gosto de ler e fiz muitas resenhas nos anos 60/70, quando militei na imprensa mineira. Mas sou psicóloga, poeta, desenhista, entre outras facetas. Vida longa a você e ao blog.
Clevane Pessoa
(Recebi a indicação de seu blog por e-mail, da REBRA)
pessoa.potiguar@gmail.com
6 de setembro de 2009

Prezada Thereza Christina,
Bela iniciativa.
Esse seu mais novo blog será mais um aprendizado a este simplório blogueiro.
Parabéns!
Um grande abraço!
Sidnei Ferreira
6 de setembro de 2009

Thereza,
acabei de ler o seu texto sobre a EXPERIÊNCIA EDITORIAL. Gostei muito. Nele você cita todo o árduo trabalho que culmina com o nascimento do livro. Muito bom mesmo! Acho que esses textos em prosa devem ser reunidos em livro. Já pensou nisso, Thereza? Aquele seu outro texto LER É CRESCER é interessantíssimo. Enfim, acho que estou embalado pela leitura do livro da Regina Vieira que li num fôlego. Obra que muito me agradou por me reconhecer no texto, uma vez que sou professor. Desculpe a intromissão, mas é só uma ideia...
Beijo do
Luiz Otávio Oliani
6 de setembro de 2009

Chris:
ótima idéia do blog dos livros da sua editora. Posso fazer uma sugestão? Reserve um bom espaço ao trabalho tradutório, explicando o que é revisão/preparação do texto traduzido. Como tradutor profissional, levo, às vezes, alguma crítica mais agressiva, mostrando claramente que o resenhista não tem a menor ideia do processo todo. Por exemplo: por razões industriais, ou seja, tempo escasso na produção final do livro, o tradutor não tem como revisar o que foi revisado por terceiros. E lá vem uma porrada do jovem crítico, assinalando falhas ou erros de interpretação. Enfim, você, tradutora experiente, sabe do que estou falando.
Um abraço e obrigado.
Wladir Dupont
6 de setembro de 2009

Concordo plenamente com a opinião do colega Wladir: ao cair nas mãos de um redator, revisor de textos ou crítico despreparado, a

tradução de uma obra clássica realmente acaba perdendo metade do seu encanto. De resto, isso acontece não só aqui no Brasil, mas pelo mundo afora... Infelizmente, há outros problemas mais graves ainda! Quem nos dirá, por exemplo, quantas traduções excelentes não chegam nem perto do mercado e quantos bons tradutores se veem afastados dele pela indiferença das grandes editoras? Montes e legiões, creio eu. Não sei se estou exagerando, mas o fato é que, tendo traduzido (e engavetado) diversas obras do russo e do francês, não consigo publicar sequer uma delas. E quem fica, no fim das contas, prejudicado, é o leitor!
Oleg Almeida

7 de setembro de 2009

AH, AS TRADUÇÕES...

Wladir Dupont vem justamente tocar numa ferida sensível: o que traduzimos não é reproduzido na íntegra pelas editoras, sempre metem a colher torta, e entregam o texto a revisores incautos, que não são tradutores, não conhecem o original e não se preocupam em perguntar sobre o que traduzimos em determinado ponto, ou se perguntam, não perguntam sobre tudo que mexeram e, quando vemos o resultado final, não foi aquilo que traduzimos, a edição sai quebrada, com palavras que deveriam ter sido deletadas, concordâncias que não foram feitas, ou seja, um escarcéu.

A última vez que isso me aconteceu foi na publicação de um bom livro chamado *A terceira xícara de chá* (*Three cups of tea*), de Greg Mortenson, em que ele conta a experiência de construir escolas elementares no Paquistão e no Afeganistão. O livro é um sucesso nos EUA e onde tenha sido lançado, mas aqui saiu com erros imperdoáveis de... revisão, pois os revisores meteram a caneta e eu não reli a revisão deles – sempre estão com pressa para lançar os livros.

Por outro lado, o revisor não percebe erros lógicos, erros de contexto e não alerta o tradutor, pois este também pode errar devido à pressão para entregar logo uma tradução. E foi assim que meu primeiro *bestseller* saiu com um erro, e que o crítico de *Veja* não perdoou: *Marley & Eu*, que ficou na lista dos dez mais vendidos entre 2006 e 2009, foi corrigido, mas aquela crítica me feriu mortalmente e, digo mais, porque confiei no revisor e no editor, e não pude reler, porque a pressa para lançar era tanta que eu despachava o capítulo assim que terminava de traduzi-lo.

Felizmente, todo erro é corrigível numa segunda impressão e todo o resto do livro estava impecável, ou seja, caprichei o mais que pude num livro que não tinha a pretensão de ser literatura, mas minha tradução exige um texto bem escrito em português e a tradução literal (como se diz em inglês) não serve – fica ilegível.

Assim foi com todos os livros que traduzi para outras editoras – fiz o melhor possível. As várias comunidades do Orkut de leitores de *Marley & Eu* comprovam, não só o sucesso do livro, como o sucesso da tradução.

Rio de Janeiro, 6 de setembro de 2009 – 12h56

POR QUE OS LIVROS SÃO DIFERENTES

Cada livro é igual ao seu autor. Se o editor e a gráfica forem duas constantes, a única variável é o autor. Um livro sempre será cópia fiel do ânimo, do espírito, da alma, da carência, da necessidade, dos medos e das expectativas de seu autor. Porém, é bom também lembrar que um livro não é um objeto: ele é um ser, que pensa, acha, sente, quer e tem vontades tanto quanto qualquer outro, independente de seu autor (é o alter ego do autor, só que ele não sabe disso).

Um livro pode ser a materialização de um sonho, ou pode se tornar um tormento, se autor e editor não respeitarem a "vontade" do livro. Improvável?

Tente fazer um livro quando as condições não forem propícias. Tente acelerar uma edição, apressando a revisão, ou fazê-la com prazo menor do que o desejável. Tente contratar pessoas que não sejam adequadas para a realização do livro, e que não entendam nada (ou pouco) de revisão, editoração ou edição. Tente contratar uma gráfica que tem bom preço, mas que anda mal das pernas, e terá o resultado em dois tempos: o livro vira um Frankenstein.

O que era sonho vira pesadelo para o autor, o editor e o leitor. Um livro mal editado, mal traduzido, mal escrito e mal impresso é o que há de pior no mundo.

Para se fazer um livro é preciso tempo, já dizia o Eclesiastes: "Fazer livros, meu filho, é um trabalho sem fim".

Primeiro, é preciso não ter pressa. Segundo, é

preciso estar pronto (texto pronto, bem entendido). Terceiro, o autor tem de entender que não é editor, e o editor entender que não é deus, só um materializador de livros, e que o livro, a entidade perpétua nesse caso, que vai durar muito além dos dois, sabe como e quando quer vir ao mundo, por isso, certos livros fluem como espuma, e outros emperram e nunca saem, ou saem todos errados.

Diante de um futuro livro, é preciso ter a sabedoria de esperar que ele indique o caminho: não é muito fácil nos tempos de hoje auscultar a vontade de um livro.

Seu autor já o escreveu, que bom, mas, e o livro, quando sai? Só ele sabe. O editor, nesse processo, é o parteiro de uma gestação sem prazo, que só tem data para começar. Estamos falando de um mundo capitalista, com prazos de investimento e retorno? Não é desse tipo de livro que estou falando: esses se fazem todos os dias, nem sei como. Mas os que faço, além de atender a alguma parcela do mercado editorial, são manhosos e caprichosos, e só saem quando querem.

Já vi livros esperarem anos para vir à luz. E outros saírem a jato, em dois meses. O que faz com que sejam diferentes? Seu autor e a entidade livro que foi concebida ali. E cabe ao editor perscrutá-lo, com olho de águia, para saber o que tem nas mãos. Auscultá-lo e esperar que o livro lhe "diga", aqui e agora.

Cada livro tem sua história, seu rosto, sua identidade, sua forma, sua perfeição. Editá-los é uma honra, e é concedida a quem o livro escolhe, sim, ele escolhe o editor (não só o autor).

Quando tudo isso dá certo, é a realização de um

encontro feliz: autor, editor e livro, mas basta qualquer coisa dar errado para que tudo isso caia no abismo. E ninguém vai entender por quê.

Houve livros que começaram bem e, de repente, tudo saiu às avessas: a revisão embolou, a diagramação se atrapalhou, os arquivos foram mal copiados, a gráfica montou o livro errado, o impressor estava de porre e cortou o livro torto.

A quem cabe a culpa? Juridicamente, é fácil responder, mas eu digo, instintivamente, quem errou? Alguém estava contrariado ao longo do processo, ou foi a ansiedade do autor, a má vontade do editor, a displicência do impressor, vai saber.

Um livro é algo sagrado e deve ser tratado como tal. Não é uma coisa, é um ser vivo, cheio de vontades e manias.

É preciso estar atento para ouvi-lo.

Rio de Janeiro, 7 de setembro de 2009 – 00h25

O PRIMEIRO LIVRO A GENTE NUNCA ESQUECE

Neste fim de semana, durante a Primavera dos Livros em São Paulo, realizado no Centro Cultural da Rua Vergueiro, 1.000, no Paraíso, dei tratos à bola quanto à edição de primeiros livros (que faço sistematicamente há quase dez anos pela editora e há 30, desde 1979).

O primeiro livro é o mais importante de todos, pois ele abrirá as portas para o livro seguinte e todos os demais que virão. Sem ele, nunca alcançamos o primeiro degrau da escalada para a notoriedade literária (venha ela ou não).

Antonio Torres, Patrono da Primavera dos Livros no Rio, em 2007, falou da edição de seu primeiro livro, que lhe rendeu consagração nacional, publicado por uma pequena editora, levando-o depois a uma editora maior.

Todo primeiro livro exige respeito absoluto. É nele que estão as sementes de todos os livros por vir. Quando publiquei a terceira edição do meu primeiro livro, *Joio & trigo*, em 2005, replantei as sementes que apontam para todos os livros que escrevi depois, que hoje são 10.

Para se chegar ao décimo livro, o primeiro passo foi fundamental. Escrevê-lo, prepará-lo para edição, escolher os poemas, selecionar os melhores, decupá-los, editá-los, cortar os excessos de palavras, pontuá-los, colocá-los na melhor ordem, dar-lhes títulos, separá-los por partes, pôr e tirar vírgulas, tudo isso levou sete meses de trabalho.

Isso pronto, passei ao segundo passo: imprimi-los. Naquela época, era necessário mandar compô-los em máquina IBM numa gráfica, depois diagramá-los em folhas de sulfite para gravar as chapas de papel, fazer o fotolito da capa, comprar o papel para a capa e o miolo, e pagar a gráfica pela impressão. Foram mais oito meses de trabalho, conseguindo cada pedacinho do processo em câmera lenta.

Hoje não mudou muito: depois de revisá-los, etc., é preciso fazer o projeto gráfico, criar a capa, ver o melhor tipo para compor o miolo, levantar o orçamento de impressão, cotar preços de papel, senão, arrumar quem faça isso para nós, uma produtora editorial ou uma editora que preste esse tipo de serviço (senão pague todo o processo por sua conta).

Não importa o caminho que se escolha, ou qual o livro siga, por conta da editora ou do autor: o processo será o mesmo, depois de sucessivas provas e revisões, de escolhas e aprovações, cada etapa apontando o passo seguinte.

O livro vai-se formando, indicando também o que ele quer, ora por meio de atrasos ou imprevistos, escolhas que não dão certo, para depois revelarem-se como a melhor opção.

As várias histórias de inúmeros primeiros livros só podem ser contadas uma a uma, mas todas me ensinaram que é preciso ter uma imensa paciência para passar de uma etapa à outra, de uma fase à outra, pois os livros só parecem iguais por fora: por dentro são um universo todo novo, que só descobrimos à medida que os fazemos.

Quando acreditar que um livro se repete, pare: está deixando escapar algo, pois nenhum deles se repete, por mais parecidos que sejam.

Como na cena em que William Hurt vê as fotos tiradas todos os dias, à mesma hora, da esquina da tabacaria no Brooklyn, em *Smoke* [*Cortina de fumaça*], de Paul Auster: olhe devagar, há sempre algo novo para ser percebido.

Durante o fim de semana em São Paulo, Cilene Vieira, editora da Vieira & Lent, membro da Libre, que também participou da Primavera dos Livros, me perguntou como eu conseguia lembrar de tantos detalhes de um livro que fiz em 2004. Eu respondi: é que vivo cada livro intensamente, então, não me esqueço dele.

E cada livro tem sua história, irrepetível.

Rio de Janeiro, 14 de setembro de 2009 – 18h07

FELICIDADE É EDITAR UM LIVRO

De todos os sonhos, o mais intrincado é a edição de um livro. A preparação é mais longa do que uma gestação humana, e mais complexa do que a chegada do homem à Lua. Todos os fatores colaboram a favor e contra o seu objetivo.

Mozart disse que toda história vale a pena ser publicada em um livro – por isso temos tantos livros quanto pessoas sobre a Terra. Já visualizaram quantos zilhões de livros foram publicados em toda a história da humanidade, desde os primórdios até o século XXI?

Nada supera a alegria de um autor ao ver editado o seu livro. É uma sensação ímpar, porque um livro NÃO é um filho: é muito diferente. Um livro é para sempre e os filhos, não. E nada supera a frustração de não conseguir editá-lo ou de editá-lo mal. Por isso, todo cuidado é pouco.

Livro não é Xerox (por mais que as máquinas digitais façam parecer assim). É necessário talento e qualidade para colocar um monte de páginas entre duas capas: ainda bem que há profissionais da área, portanto, fujam dos neófitos.

Esses transformam livros em desastres gráficos e publicações em natimortos. E nada superará a tristeza de ver o seu esforço sucumbir. Vivi, recentemente, um salvamento de livro: este queria porque queria vir a lume e conseguiu, urdiu seu caminho para nascer o melhor possível e ainda está para provar a que veio, mas se pensarmos em sua história até ser publicado, acharemos inacreditável a sua trajetória. Voltarei a esse tópico mais tarde.

Rio de Janeiro, 16 de setembro de 2009 – 10h19

~

Thereza,
bacana o seu comentário. Você tem toda a razão: ver um texto querido mal editado é como ver nascer um filho morto.
Um abraço, felicidades,
Renata Pallottini
16 de setembro de 2009

Eu sei disso, Thereza! Isso aconteceu comigo. E quando vi o produto em minhas mãos, foi uma felicidade muito grande. E você caprichou. Depois desse URUBU, andei voando por muitos lugares. Encontrei diversos pássaros, passarinhos e aves com todo tipo de pena e penares, mas o pretinho é o meu especial. Esse bicho preto misterioso e silencioso. Acho que é o único pássaro que não canta, não pia, não sorri e não chora...
Grande abraço para você.
Dalmo Saraiva
16 de setembro de 2009

Thereza, querida,
e aos que encaminho em cópia não oculta, eis aí um comentário sobre o mercado editorial em que estamos inseridos a propósito de seu texto... Estaria eu equivocada?
Partindo do princípio que uma editora séria deva editar trabalhos de valor, concordo com você quando diz que é uma alegria publicar bem, sim! Editoras como a sua sabem como fazê-lo com profissionalismo, arte e sensibilidade. Entretanto, alegria maior é aquela de ter um livro efetivamente lido e comentado por leitores, críticos, pares de ofício, etc. Infelizmente, vejo o quão frustrante é para o poeta – principalmente esta espécie de escritor – ter sua obra resignada às prateleiras para presentear amigos e parentes, pois, se ele não contar com uma poderosa

assessoria de imprensa para a divulgação da obra, o brilho da publicação é rapidamente embaçado pelo borrão da indiferença dos 'intelectuais de plantão' que continuam preferindo citar os grandes nomes em seus trabalhos acadêmicos, em suas falas, ou, nas rodas entre amigos, etc.
Vivo o segundo estágio pós-publicação. Tenho dois livros muito bem aceitos pelo ínfimo público de queridos leitores dos mesmos, mas que, como amigos que são, reduzem-se a uma minoria nesse universo de leitores de títulos importantes ou de 'autores da moda'. Nada contra os grandes escritores – aliás, tudo a favor deles – pois me servem de inspiração, mas como ninguém nasce reconhecido, acho que também é papel das editoras promover a divulgação das obras que editam, você não acha?
Não falo dos saraus literários ou das feiras de livros somente, mas da grande mídia e do engajamento com nomes da literatura para um comentário em um jornal ou em revista de boa circulação, enfim, essas coisas que são como uma propaganda boca a boca, só que convertida em recomendações para os leitores. É preciso, entretanto, reconhecer o valor do trabalho para divulgá-lo, afinal, só podemos efetivamente recomendar algo que nos tenha 'tocado', mas não seria esta uma précondição para se editar livros de autores desconhecidos...?
Indico, portanto, meus dois livros de poesia para os que gostam de presentear os amigos com palavras: As faces do tempo *(2008, 7Letras),* Fragmentos *(2003, edição da autora)*
Abs a todos,
Vanisa Moret Santos
16 de setembro de 2009

Publicar Poesia

Querida Vanisa,
concordo com você, mas lembro que o livro de poesia tem trajetória diversa dos demais. Embora possa ser avaliado por críticos e resenhistas, o valor não é aferido dessa forma. A divulgação boca a boca é essencial, nesse caso. E não se queixe do aparente descaso. A colheita de um livro de poemas vem muito mais tarde do que os outros. É preciso semear amiúde, e crer que seus versos deixarão rastro. Lembre-se também que poesia não vende pouco, mas aos poucos, e vende sempre.

A divulgação deve ser feita a sério, mesmo que leve algum tempo para que seja divulgado na grande imprensa. É preciso nunca desistir da poesia.
Thereza Christina
17 de setembro de 2009

Thereza Christina,
São comoventes esses seus textos sobre sua experiência com o livro: como escritora, como leitora, como editora! Esse tom confessional, de quem está conversando com intimidade. Creio que darão um bom livro metapoético.
Beijos,
Raquel Naveira
17 de setembro de 2009

AO EDITOR, O LIVRO

Raquel,
esta troca está se mostrando muito fértil, tanto para mim quanto para quem está lendo.

Há algum tempo, me pediram textos sobre leitura que guardei e Sidnei Ferreira passou a publicá-los no blog Tabacaria, na série "Ler faz crescer", creio que você tenha recebido também.

Ele está postando uma série de dez textos que também publicarei assim que ele terminar de divulgá-los.

Optei por criar o blog para não ter de escrever em off e depois vir com um livro pronto, preferi ir dialogando sobre o assunto que tanto comove: realmente publicar muda a vida das pessoas (mas nem sempre para melhor).

O mais importante é saber que é um divisor de águas, tanto para o autor quanto para o editor – que assume dar uma cara ao livro.

Já descobri que quando um livro é bom, pensa-se, o autor é ótimo, e quando um livro é ruim, o editor não presta. Nem sempre a culpa é só do editor, mas cabe a ele a decisão final. Ceder aos caprichos do autor muitas vezes corrompe o livro (às vezes, ocorre o contrário, o editor acaba com a edição).

Por isso, é preciso muita calma no momento de publicar: há livros que nos pregam peças, quando pensamos que está tudo em ordem, algo sai fora do lugar.

Conhecemos o lado dos autores – é preciso falar

sobre os editores, pessoas tão singulares, pois, enquanto o autor faz sucesso, o editor fica com a pinta de bandido da história, quando, em geral, não é.

Ao autor pertence o texto, ao editor, o livro.
Bjs.
Thereza Christina

Rio de Janeiro, 17 de setembro de 2009 – 16h21

~

Querida Thereza,
a prova de tudo isso, escrito abaixo, está na Bienal do Livro no Rio. Dei palestra de abertura no Pavilhão Verde, quinta-feira, junto com meu colega da UFF, Domício Proença Filho; dei palestra para docentes e bibliotecários, a convite da SEE/BPERJ; fiz oficina com jovens leitores; li poemas, apresentei autores... Adivinha quantos livros meus foram vendidos?
Não se trata de defeito autoral, editorial, textual. Eu e vários amigos autores, livreiros e editores estávamos comparando 2009 com as Bienais anteriores. Sem vendas, pagando os altíssimos preços cobrados pela Fagga, não há como manter o elevado padrão; vai virar evento puramente comercial! O que fazer? Culpa de quem?
Abraço carinhoso,
Cyana Leahy
17 de setembro de 2009

Thereza,
estou guardando teus textos juntos a outros que quero ter ao meu alcance. Se não na memória, nestes tempos de avanços tecnológicos, ao alcance dos olhos e mesmo das mãos. Gosto da tua escrita. Bonito percebê-la em aprimoramento.
Abraço,
Fabiana Ferreira
18 de setembro de 2009

O QUE APRENDEMOS NOS LIVROS

> *Em literatura, entretenimento é a sedução pela palavra escrita. É a capacidade de envolver o leitor, fazê-lo virar a página, emocioná-lo, transformá-lo.*
>
> Felipe Pena, escritor, professor da UFF
> ("Desserviço à leitura", sábado, 19/09/2009, *Jornal do Brasil*, Caderno B, p. 3)

NOVO DAN BROWN BATE RECORDE DE VENDAS
O Estado de S. Paulo – 18/09/2009 – Por Ubiratan Brasil
Em apenas um dia, um milhão de exemplares vendidos nos Estados Unidos, Canadá e Reino Unido – com poucas horas de vida, The Lost Symbol, *primeiro livro do americano Dan Brown desde 2003, tornou-se o romance para adultos e em capa dura que mais vendeu naqueles países em um único dia. "É um fato histórico", comentou Sonny Mehta, presidente da editora Doubleday, filial da Random House, e responsável pela edição do novo* bestseller *do autor de* O Código Da Vinci.

Isso prova, por números, quanto as pessoas gostam de ler, e leem avidamente aquilo por que nutrem interesse. Não é porque Dan Brown é *bestseller* que ele é lido: ele se tornou *bestseller*, porque tocou uma corda raramente tangida na alma humana – a sua identidade.

Ao procurar *O símbolo perdido* (como se chamará no Brasil), procuram por si mesmos. Todo e qualquer livro só interessa, se nele o leitor puder se ver, se encontrar, se perscrutar, se descobrir. Ontem ouvi uma das frases mais curiosas sobre esse tema: "O que aprendemos nos livros não aprendemos no cotidiano".

E quem disse isso foi alguém que normalmente não lê, mas leria, se soubesse, se tivesse certeza de que esse tempo seria usado para nutrir o seu conhecimento com coisas que não aprenderia de outra forma.

O que me devolve ao tema do que aprendemos lendo os clássicos: não precisaríamos de livros de autoajuda se as pessoas soubessem o que encontrariam lendo romances, contos e poesia de autores renomados, ou mesmo de novos autores, mas se tivessem certeza, que, ao ler um texto de ficção, encontrariam uma forma de resolver o seu problema.

O que dificulta essa procura é o modo de trabalhar como bula: tudo tem que ter receita. "Para isto, use aquilo". Se lêssemos ao acaso, descobriríamos também naturalmente o que buscamos, ou até, descobriríamos algo que não sabíamos que estávamos procurando.

Ao ler *Uma aprendizagem ou O livro dos prazeres*, de Clarice Lispector, descobri, aos 15 anos, que havia uma mulher em mim que queria nascer, como Lóri das águas do mar para poder encontrar seu Ulisses. "Estar pronta" era um conceito que eu não conhecia, mas que aprendi ali, com Clarice, que, para ser mulher, era preciso "preparar se".

Qualquer livro pode ser um *bestseller* desde que toque a alma do leitor.

Rio de Janeiro, 19 de setembro de 2009 – 14h58

PUBLICAR OU NÃO PUBLICAR

A vontade de publicar versos e memórias nasce com o homem. A certa altura da vida, ele tem necessidade de deixar um legado para aqueles que virão. Desde o tempo das cavernas, os homens contam suas histórias, deixam rastros e inscrições, inventaram as letras para inscrevê-las, e a narrativa toma forma para atravessar o tempo em papiros, pedras, pergaminhos, iluminuras e nas páginas impressas de um livro.

A satisfação de deixar um legado escrito é insuperável, como deixar filhos, construções e obras de arte. O músico também quer deixar um livro, um pintor, um escultor, idem.

Publicar-se, a palavra já diz, é tornar-se público, difundir-se, abrir os flancos para o conhecimento dos outros. E o que se torna público, pode ser perpetuado em outros livros.

Safo, poeta grega do século 7 a.C., apesar de ter tido sua obra destruída, permaneceu em fragmentos e citações em textos de outros autores, reverenciando seus poemas.

A palavra, mesmo mínima, repercute todo o tempo, enquanto for pronunciada.

Rio de Janeiro, 20 de setembro de 2009 – 11h49

O ESCRITOR VIAJANTE

Ontem fui ao lançamento de meu compadre Luiz Fernando Ruffato, que publicou seu *Estive em Lisboa e lembrei de você*.

Conheço Ruffato desde antes da edição de seu primeiro livro. Antes mesmo de ele pensar em escrever os contos e o romance que o tornaram célebre, eu já conhecia as viagens, os causos, as histórias de sua Cataguases, o modo envolvente de narrar essas descobertas, que nos mantinha cativos por horas em seu apartamento, no edifício onde éramos vizinhos em Perdizes, São Paulo, na década de 90.

Todo encontro era uma sucessão de surpresas, e não saíamos de lá sem ficar espantados e dar umas boas risadas. As viagens, então, eram antológicas. Ele é a melhor mistura de amigo, confidente, poeta, prosador e jornalista que eu conheço. Tudo para ele vira uma narrativa densa e vertiginosa. E inesquecível.

Os aniversários, festas de Natal e de final de ano eram uma farra, com uma boa garrafa de vinho e muitas novidades. Mas Ruffato escrevia em segredo. Só me mostrou um dia a sua poesia – que compartilhou comigo por sermos da mesma família poética, a neosimbolista. E nada mais disse.

O modo mineiro de não revelar nada antes do fato, fez com que viessem os livros de contos, depois o romance e os prêmios. Daí para frente, tudo mudou, mas Ruffato continuou o mesmo, o mesmo compadre, um incentivador constante e um amigo, mesmo distante.

Lembro da viagem que ele fez a Portugal

com Cecília, minha comadre de quem tenho muitas saudades. E vejo, neste livro, essa Lisboa voltar a partir das histórias que ele nos contou ao regressar.

Faz-me lembrar de livros de viagem de outros escritores também famosos, descrições de paisagens que só o escritor vê – o que me faz refletir sobre os lugares, essas cidades das quais não conhecemos os construtores, mas sabemos quem foram os autores que viveram ali.

As cidades, mesmo depois de desaparecerem, como Troia ou Babilônia, ainda existem nas vozes daqueles que as descreveram. As cidades vivem por meio de seus escritores, como eram, como foram um dia. A Paris de Proust está em seus livros. A Roma de Oscar Wilde, Elizabeth e Robert Browing, Shelley e Keats, a Florença de Rilke e Nietzsche. É possível visitá-las por meio desses escritores viajantes que emprestaram seus olhos para que víssemos as paisagens que só se descortinaram diante deles.

Se quiser fazer um trajeto de viagem, procure os percursos de antigos moradores e visitantes. Siga os passos de Hemingway pela Paris do entre-guerras e depois ao vê-la libertada. As festas na casa de Gertrude Stein que reunia toda a *intelligentsia* da época em seus salões, de Fitzgerald a Joyce e Pound.

Para conhecer um local, conheça aqueles que escreveram sobre os lugares onde estiveram ou viveram. Como eles, Ruffato trouxe Lisboa de volta até nós, contando a história de quem vai até lá para mudar de vida. E, certamente, ler um bom livro faz-nos ver a vida de um modo diferente.

Rio de Janeiro, 23 de setembro de 2009 – 10h53

Thereza Christina,
Aprecio demais o Luiz Ruffato e quero ler em breve o seu novo livro.
Gostei também da alusão que você fez entre cidades e autores.
Beijos,
Raquel Naveira
23 de setembro de 2009

A SUBSTÂNCIA DOS SONHOS

Se de tudo podemos tirar boas lições, sempre aprendemos algo, mesmo quando tudo dá errado. Na relação autor-editor entram muitas questões e todas vão sendo resolvidas (ou não) à medida que o tempo passa e o livro toma forma.

Nunca um livro sai como ele entra. Primeiro, temos a escolha do texto e do título (muitas vezes as cismas do autor fazem as piores escolhas), depois partimos para a sequência dos contos, dos poemas, eliminar ou acrescentar versos, colocar e retirar vírgulas, conjugar este verbo no passado ou no presente, tudo vai se moldando de forma imprevisível, até chegar ao final – a obra completa.

Essa lapidação requer esforço e dedicação, tanto do poeta/contista/romancista quanto do editor, que acompanha, *pari passu*, todas as mudanças no texto. Muita vez o autor desiste ou se desespera no meio do caminho. Outras, o editor, mas este não pode se desesperar demais, pois dele depende o desfecho do livro.

Há autores que nos enlouquecem com tantas voltas e meias-voltas. Acabam terminando como começaram, ou vão para outro lugar que nem esperávamos que fossem.

Acompanhá-los torna-se insano e tudo o que eles fazem está contaminado pela sua errância. Até depois de o livro ficar pronto, quando começamos a vendê-lo, o "clima" do livro permanece, seja a leveza ou o peso.

Há livros e livros. Há autores e autores e, irão me

dizer, editores e editores, mas cabe ao autor a primeira penada, o ímpeto de criação do livro, o ânimo que o toma – ao editor cabe construí-lo como objeto, como materialização dessa arte que só se configura no livro. Aí, sim, o editor terá sabido conduzir os caminhos de concretização desse "sonho" borgiano, de se ver cercado de livros por toda a parte.

Sonho ou pesadelo? Há autores que são verdadeiros pesadelos e seus livros carregam o mesmo estigma. Como lidar com eles sem perder a sanidade? Como encará-los depois que o livro foi feito, apesar deles?

Isso ninguém conta, mas muitas vezes "o ensinamento é maior que o mestre", o livro é mais importante que seu autor e, por isso, vale a pena ser publicado, e o único ônus é aguentar o autor, mas o livro... este vale todo o esforço, todo o suor e lágrimas que ele contém, toda ansiedade e tristeza, todo desespero e desconsolo.

Um livro vale tudo. Esse é o verdadeiro sonho. Como disse Shakespeare, "a substância de que são feitos os sonhos".

Rio de Janeiro, 25 de setembro de 2009 – 12h48

A GESTAÇÃO DE UM LIVRO

Um dos maiores mistérios de se fazer um livro é quanto tempo ele leva para ficar pronto.

Regra nº 1 para publicá-lo: entregue os originais ao editor. Enquanto esse passo não for dado, tudo continua sendo apenas ideia, mesmo que ocupe boa parte do seu HD (seja memória física ou virtual).

Um editor só pode preparar um livro quando se colocou um ponto final no texto. Antes disso, fica sempre faltando algo a ser acrescentado.

E isso é o mais comum de acontecer: Flávio Corrêa de Mello, que publicou seu *Poemas suíços,* em 2004, reescreveu boa parte do livro depois da primeira diagramação (isso porque seu livro estava pronto!). Mas isso não é nenhum espanto para quem faz livros: James Joyce reescreveu e terminou de fazer anotações em um terço de seu *Ulysses* até o primeiro exemplar ser entregue nas mãos do autor pela brava Sylvia Beach, em 2 de fevereiro de 1922, dia do aniversário de Joyce.

Sim, a data era proposital, e Sylvia conseguiu, como excelente editora que era, alcançar a data mais importante para J.J. Todo autor faz isso. Quer lançar o livro no dia do seu aniversário (não só Joyce tinha essa obsessão). E deve haver uma razão: um nascimento chama outro. Nada como nascer no mesmo dia de seu autor!

Mas nem sempre isso é possível: vou logo avisando, nada de aniversários. É só marcar uma data que tudo começa a atrasar. Claro, parece que o livro sabe: se ele tem uma data para ser lançado, faz tudo para atrapalhar a previsão.

Duvidam? Tentem fazer isso sem rezar dez painossos e dez ave-marias para Nossa Senhora Aparecida.

Enfim, a verdade é que livro com data de lançamento marcada sem estar impresso corre um risco homérico de não ficar pronto no dia certo.

Tudo pode acontecer para atrasar a impressão: a mais inédita foi a gráfica mandar as provas do livro *De paz e de paixão* pelo correio para o outro endereço (tudo bem, eu poderia ir até lá buscar), mas não só errou o endereço como trocou os números: em vez de 897, escreveram 879... Lógico que os Correios devolveram o pacote para... Blumenau! Perdemos uma semana de revisão e de andamento da impressão porque as provas do livro resolveram ficar andando de avião!

Tiveram de postar novamente, agora para o endereço certo. Recebi, fiz a revisão, tudo corrigido, ia devolver por SEDEX, hoje não deu, mando amanhã. Adivinha o que aconteceu? Os Correios entraram em greve! Tive de gastar mais para mandar por entrega especial. Haja paciência...

A gente fica se perguntando por que essas coisas acontecem com um livro e com outro não. Tem livros que são um sabãozinho, vão correndo ficando prontinhos, todos cheirosos, lustrosos, limpinhos, nenhum cisco fora do lugar, tudo na data certa, tudo direitinho. E outros... emperram![1]

O caso mais célebre é o livro que levou quase sete anos para ficar pronto. Não só o autor resolveu reescrevê-lo quando já estava pronto para ser impresso, como tudo andava a passo de jocotó. Paciência, paciência... Até que, finalmente, o *Portal das sombras* foi lançado lindo e maravilhoso, como se nada disso tivesse acontecido. No tempo dele.

Cada livro tem um tempo de maturação até ser impresso. Pode levar muito pouco ou muito mais do que se espera.

São Jorge: arquétipo, santo e orixá é um livro que levou menos tempo para ficar pronto, mas a autora, Maria Augusta Machado, esperou quase 50 anos para tê-lo nas mãos.

Realmente, uma vida. Mas valeu a pena. E já está na segunda edição.

Rio de Janeiro, 29 de setembro de 2009 – 19h48

ESCREVA, ESCREVA, ESCREVA...

...e me volte daqui a 20 anos, disse Mário Quintana a um poeta novato. Monteiro Lobato também advertia: "Não se precipite para publicar seus versos. Guarde-os até ter certeza de estarem maduros", aconselhou ao então jovem Gilson Maurity, que lhe mostrara seus poemas. Essa paciência nem todos os autores têm. De esperar que seu fruto esteja no ponto, mas os escritores tarimbados sabem que é preciso esperar para que o livro se "apronte". Antonio Torres dá outro conselho: "Não fale sobre o que está escrevendo, senão você se desincumbe falando e não escreve nada".

Todos eles sabem o que estão dizendo, e também seus editores. Publicar um livro imaturo é pecar contra si mesmo. Um livro não tem culpa da pressa de seu dono. Ele antes caminha no seu próprio tempo. Tem um andar todo seu, de coisa que sabe a que veio. E se o apressarmos, ele se vira contra nós. Quanto tempo espera um livro para ficar pronto! Por vezes, décadas, como temos visto. Mas escrevê-lo faz parte do esquema.

A outra ponta é revisá-lo. Há erros que ficam ocultos e não os percebemos. Só muito tempo depois "saltam" aos olhos. A sorte é pegá-los antes que virem "gralhas" ou "sacis-pererês", como gostava de chamá-los Monteiro Lobato.

Um erro num livro estraga-o todo. Só pensamos nele, em mais nada. Nem percebemos que é apenas um em meio a não sei quantas palavras certas. Depois de publicados, não podemos mais consertá-los. E conviver com eles é um suplício. Só nos resta aceitá-los e seguir em frente, e fazer tudo para que, da próxima vez, tenhamos a calma e a visão de águia para não deixar passar coisa alguma.

Revisores, cuidado. Nem sempre sabemos o que estamos fazendo – é preciso uma sabedoria de monge copista para ponderar uma revisão e ver em profundidade, não apenas na superfície do texto.

Eu tenho certeza absoluta de que já fui um desses monges, que ficavam na biblioteca copiando e traduzindo livros, ou até sonhando seus versos. Ainda posso sentir o frio das paredes úmidas protegendo-nos do inverno.

Livros preenchem uma vida. Escrevê-los, revisá-los, editá-los, imprimi-los. Fazer isso toma todo o nosso tempo: e o que sobra, passamos lendo, ou pensando em outros ainda não escritos, ou aqueles que gostaríamos de traduzir.

Rio de Janeiro, 30 de setembro de 2009 – 23h05
Dia Mundial do Tradutor

Thereza,
mais um texto que me agrada muito, não só por estar bem escrito, mas principalmente por me identificar por inteiro nele. Viver o livro, realizando-o ou editando-o, eis uma paixão absoluta. Lembrei-me, de repente, do Drummond: "Convive com teus poemas, antes de escrevê-los. / Tem paciência, se obscuros. Calma, se te provocam. / Espera que cada um se realize e consume / com seu poder de palavra / e seu poder de silêncio". E o papel do revisor, sem dúvida, é de imensa importância em todo processo editorial. Trata-se do leitor privilegiado, especializado, do "olho de águia", como você bem disse. Além da beleza que nos chega em

outra língua e fica pulsando em nós à espera de uma feliz tradução.
Beijos,
Afonso Henriques Neto
1º de outubro de 2009

escreva... escreva... escreva...
a metade é lixo,
a outra metade é bobagem,
os outros 50% ninguém vai ler,
os 50% restantes ninguém compra,
mas mesmo assim escreva!
quem sabe, errei nessa conta!
Abçs
Antonio Gutman
1º de outubro de 2009

...maravilhoso!
...agora falta uma reflexão sobre o autor que sabe o que quer e sabe que deve cruzar ideias com o editor...
...tem a questão da capa, que sempre é uma África!
...e o autor que, depois de fechar o acordo editorial, começa a chamar pessoas para prefácio, orelha, quarta capa... todos pessoas que não são amigas dos editores e que se infiltram... rsrsrsrs
Tavinho Paes
1º de outubro de 2009

Thereza,
Estou adorando receber seus textos. Além de muito bem escritos, nos fazem refletir. Você sabe, sou artista plástico, vez ou outra escrevo alguma coisinha, mas sempre com muita reserva. Quer saber por quê? Sou filho de uns maiores escritores brasileiros, Marques Rebelo. Infelizmente, hoje ele está meio esquecido, mas não porque, como quase todo mundo escreve, por motivos quase inexplicáveis. Não é bem isso, são bem explicáveis. Não se deveu a um desinteresse do público leitor, mas às artimanhas de um psicopata que se apropriou de todos os bens da família, inclusive os arquivos dele e a documentação necessária para reeditá-lo. Há anos que venho lutando com advogados, mas ele era muito poderoso e rico, e nada conseguia. Quando comentava com

alguém, diziam-me logo: por que você não contrata um advogado? O fato é que felizmente esse psicopata morreu e agora a JO está reeditando a obra dele. Dois volumes já estão nas livrarias: A estrela sobe *e* A guerra está em nós. *Acabo escrevendo, mas com os olhos de pintor e, para retribuir sua gentileza, anexo agora um deles. Levou-me a escrever uma composição de Philip Glass, acompanhada de uma sequência de fotos intrigantes que descobri no Google.*
Abraços fortes,
José Maria Dias da Cruz
http://www.youtube.com/watch?v=uHn8L3dYMLM&feature=related
1º de outubro de 2009

PRIMEIRO, OLHA-SE A CAPA...

Das várias fases de construção de um livro, a mais intrincada, depois da escolha do título, é a concepção da capa. Este é um tema sugerido pelo poeta Tavinho Paes, um *selfmade editor & publisher,* que vem fazendo uma carreira paralela à de poeta e letrista, além de compositor incomparável de marchinhas de Carnaval.

A capa é 50% de chance de um livro ser comprado. Os outros 50% estão em seu conteúdo, mas a capa é 100% responsável por fazer alguém pegar um livro para olhá-lo e, depois, ao abrir para ler o texto, o comprador se convencer que encontrou algo "único", ele o compra sem pestanejar.

A capa, nesse quesito, é o elemento mais importante: sem ela, ninguém nem nota o seu livro. Ele fica misturado aos demais sem se destacar na livraria. Depois que o texto está pronto e revisado, e o título foi escolhido, aí, sim, a criação da capa entra em ação. Costumo usar um fator determinante, que aprendi em minha primeira aula de Teoria Geral do Direito, no primeiro ano da faculdade: "A definição não pode conter o definido".

Assim, se o título do livro for, por exemplo, *A mulher, a pedra* (livro de contos de Laura Esteves), não posso colocar uma estátua de mármore com forma de mulher na capa por ser óbvio demais. Tenho de buscar outra representação que não contenha os elementos citados no título. Saí em busca da minha mulher "sem ser de pedra" para colocar na capa do livro de Laura, e encontrei um Modigliani belíssimo, nas cores preferidas da autora (cores quentes, amarelo, laranja e vermelho), num livro que comprei no sebo Livros, Livros & Livros, em Ipanema.

Quando pensava as capas, eu tinha de entrar em meditação profunda, que, às vezes, me ocorria enquanto fazia outra coisa: eu estava num concerto na Sala Cecília Meireles quando "vi" as letras vazadas com as águas do Hudson por baixo na capa de *Poemas de Nova York*, de André Gardel. Eu havia passado aquela tarde na gráfica, ao lado do capista, resolvendo o enquadramento da foto, e não tínhamos conseguido terminá-la. Fiquei de voltar no dia seguinte para continuarmos e fui ao concerto: no meio da execução de uma música de Villa-Lobos, meu cérebro disperso "encontrou" a solução que eu vinha buscando conscientemente num momento de relaxamento. Voltei à gráfica e disse ao diagramador como eu queria a capa: uma das melhores que já fiz.

Só descobri que sabia fazer isso (e não precisava de um capista senão para executar o que eu havia imaginado), quando "enxerguei" a capa no momento em que Ricardo Ruiz me mostrou a foto que queria na capa de seu *Poesia profana*. Todo o restante do livro foi feito a partir daí.

Hoje, João José de Melo Franco, meu co-editor, se ocupa do design dos livros, embora eu acompanhe tudo de perto. E ele trabalha do mesmo modo: a partir da capa. Ele vem se dedicando a isso há quase quatro anos com incríveis resultados, mas nem sempre é fácil. Ele é perfeccionista e por isso mesmo testa milhares de vezes algo que começou, até ficar pronto. Gasta horas pensando e executando uma única capa. Eu sei que tenho de gostar no momento em que olhar para ela.

É o mesmo efeito que terá sobre alguém que irá vê-la na livraria: impacto imediato. Cada livro tem esse segredo: como encontrar a melhor capa – e aí eu dou minha receita: é aquela que faz com que não imaginemos outra melhor. Se pudermos melhorá-la em qualquer coisa, não é a capa certa. A certa é insubstituível.

E este é um consenso que deve surgir entre editor e autor, que terá de aprová-la, sim, porque, afinal, a capa está sendo feita para ele. E não há satisfação maior senão "ver" a capa que o autor não viu, mas ser aquela que ele quer embora não saiba. Nem sempre o autor sabe qual é a melhor capa para o seu livro – e o próprio livro terá de "dizê-lo", e a capa será refeita tantas vezes quantas forem necessárias até acertarmos.

Um livro começa pela capa. É a primeira coisa que se olha. E que influencia diretamente a mão do leitor para pegá-lo. E se ele o abrir, e o texto for bom, está feito: ele comprará o livro.

Rio de Janeiro, 2 de outubro de 2009 – 1h09

~

De Véra Lucia dos Reis:
Thereza,
Tenho lido com muito prazer os textos de seu blog. Essa sequência se tornará um livro cuja capa será um belo desafio. A capa das capas. Não tenho a mesma facilidade para escrever, mas escrevo fluentemente quando traduzo, partindo de uma leitura crítica, farejando as frases. Saboreando-as na língua, na pele, olhos adentro. Quando leio o que outro escreve, vivo o processo da escrita, tomo-o de empréstimo e, alegremente, ao ouvir minha leitura, me aproprio, sem roubar, do que foi dito. Não vejo a tradução como traição, e sim como travessia.

Vou para dentro do texto e passeio com ele na minha própria língua. No momento, ando de braços dados com Sócrates, Jesus e Buda, veja só. Ando de um lado pro outro: de Platão aos Evangelhos, destes aos textos budistas. Trata-se de uma comparação entre as trajetórias desses mestres. Não é um grande livro, mas fala de grandes coisas, o que já é bastante para mim.
Um abraço da
Véra
3 de outubro de 2009

De Raquel Naveira:
Thereza Christina,
Que lindo esse olhar sobre a capa! Os segredos da junção do conteúdo e seu envelopamento. O olhar que une cores, imagens e mistérios. E você desvendando generosamente todos os processos desse objeto "top de linha", que é o livro.
Abraço afetuoso,
Raquel
3 de outubro de 2009

De Antonio Gutman:

LIVRO SEM ORELHA,
CASA SEM TELHA.

Abçs do admirador,
Gutman
3 de outubro de 2009

De Augusto Sérgio Bastos:
Olá, Thereza!
Muito bom o seu texto. Concordo com seu modo de ver a capa. Você resumiu tudo sobre o assunto. A capa guarda o livro e é a guarda do livro.
Parabéns.
Abraço,
Augusto
4 de outubro de 2009

De Gladis Lacerda:
Thereza,
Esse e-mail veio ao encontro do que penso sobre capas de livros. Por esta razão até hoje não consegui a capa ideal para meu livro Para tardes chuvosas*. Já me foram sugeridas perto de 20 capas e eu já estou me sentindo chata, desagradável, mas não posso aceitar o que não gosto só para agradar às pessoas. Acho que vou comprar uma tela e tintas para colocar, no mínimo, mais ou menos o que quero. Todas as figuras que acho e gosto sou informada que elas não tem boa resolução. É o fim. Fico "puta". Agora achei uma mulher de costas olhando o mar com um casaco vermelho e o céu bem nublado. Vou tentar pintá-la.*
Por favor, não ria de mim. kkkkk
Beijos,
Gladis
4 de outubro de 2009

REVISÃO, AINDA QUE TARDIA

A revisão é a questão mais polêmica de toda a produção do livro. Quanto mais apegado ao texto, menos será possível editá-lo. É preciso algum desprendimento para aceitar os erros que por ventura tenham ocorrido, mesmo que inadvertidamente e corrigi-los.

Um texto não nasce pronto. Ele precisa de inúmeras revisões, seja pelo autor, pelo revisor, pelo editor, até chegar às mãos do diagramador, que dará forma ao que foi tão longamente escrutinado. O designer de um livro raramente o lê – por isso é preciso reler as provas. Ocorrem saltos, trocas, inversões de texto, que quem prepara a paginação não enxerga: para ele tudo é imagem; palavra, nenhuma. "Como é possível não ter visto isso?", perguntam os que veem o livro pronto com um erro crasso qualquer. É possível. Ninguém vê, porque lê o que está na cabeça, não o que está digitado.

Recomendo sempre aos meus autores: "Leiam com os olhos frescos da manhã". Nada de ler tarde da noite, ou cansado, estressado, fatigado, exausto. Leiam como se não tivessem outro compromisso no dia, sem pressa, sem pressão, sem ansiedade alguma, senão só lerão o que querem ler e não o que está escrito. Circula pela internet a brincadeira de que conseguimos ler as palavras com todas as letras fora de ordem, desde que mantenhamos a primeira e a última no lugar. Pois bem, quem revisa não lê o meio da palavra, só as pontas. Se falta um R ou um S, vai continuar faltando.

No livro *Um lugar azul*, de Sérgio Medeiros, o autor mesmo se espantou com um erro que passou debaixo de todos os narizes: no lugar de "Onde" estava escrito "Ontem", porque a palavra seguinte era "tem" e isso fez com que ele digitasse "Ontem tem" em vez de "Onde tem", que ele só viu na prova impressa.

A edição do texto inclui sugestões, alterações, cortes, substituições de palavras que o editor enxerga como solução para trechos confusos. Uma coisa é pensar o que se quer dizer, outra é escrever o que quer ser dito. Nem sempre esse exercício é completo para o autor. É preciso ser muito bom em português para não errar a pontuação, a conjugação verbal, o uso da crase, a ortografia, o verbo haver e as preposições. Esses são os erros mais comuns.

Fora quando não escrevem de ouvido, ou seja, usam palavras que se aproximam eufonicamente daquelas que deveriam utilizar. O editor precisa afinar o texto, para que sejam usadas as palavras certas, e não algum falso substituto. Vocabulário é uma das falhas mais comuns para os jovens escritores: leem pouco, escrevem mal. Muitas vezes têm grandes ideias para seus livros, mas, na hora de escrever, falta tudo, até a ordenação das palavras. Acho que as aulas de redação caíram em desuso nos últimos tempos. Tudo o que sei de texto aprendi na escola: como é que esses novatos não sabem escrever? Aliás, agradeço às aulas de português – continuo até hoje a praticar tudo o que estudei em classe. Se não fosse por isso e toda a leitura que fiz antes, durante e depois, eu não teria conhecimento para corrigir o texto dos outros.

Uma revisão pode durar meses, ou mais de um ano. *Carta para Ana Camerinda* precisou de 22 leituras ao longo de cinco meses, minhas e do autor até ficar pronto. Não passou erro algum. O livro acabou sendo adotado por um colégio para leitura em classe. Não só leram os alunos, mas como os pais dos alunos, e o autor foi chamado para dar uma palestra no colégio. Sucesso absoluto. Nosso trabalho foi recompensado.

Todo livro que não seja revisado à exaustão não passa na prova de fogo do papel impresso. "Ah, como que continua com erro?" Resposta: o olho não foi feito para ler na tela do computador, foi feito para ler com o papel deitado. Por isso, vemos "melhor" a prova em papel do que em uma tela. Lamentável descoberta, já que estamos partindo para a digitalização e quase aposentando os livros impressos.

Os que estão aí, de Leonardo Vieira de Almeida, publicado em 2002, foi o primeiro livro de contos da editora e fizemos isso com louvor: chamei um revisor (Paulo Mauad, o melhor que já tive), e dividi o livro em duas partes: entreguei metade para ele, e a outra ficou para mim, e depois trocamos: ele encontrou erros que eu não vi, e encontrei erros que ele deixou passar. Só assim arrematamos todos. Mas esta última revisão foi feita depois que o autor já havia aprovado a anterior, mas eu, inconformada, resolvi olhar tudo de novo, e encontrei mais trocentos errinhos. Leonardo me disse: "Você faz revisão com bisturi". Elogio aceito e guardado.

Quem pretende escrever deve conhecer profundamente o português, além do assunto sobre o qual escreve, para não cometer deslizes; se o editor não conhecer o assunto tão bem ou melhor que o autor, vai errar junto. E isso, sim, é imperdoável.

Rio de Janeiro, 4 de outubro de 2009 – 15h13

De Yonne Santiago:
Oi, Titina!
Tenho me deliciado com seus escritos, crônicas perfeitas sobre todo o processo editorial e suas entranhas e os N quesitos que englobam seu entorno. E que Deus nos perdoe nossas falhas, pois o livro, depois de impresso, não perdoa... Embora existam as tais "erratas", a pleno vapor em desuso... mas que ainda deveriam estar exercendo sua função para minorar o problema. São desagradáveis, me parecem, porém úteis para aclarar certas dúvidas que ficam impressas nesses casos onde faltou o olho de lince ou passou um deslize. Mas, enfim, continuar aprimorando no meio de tantas mudanças é um dever e um prazer. Assim eu vejo.
Beijocas à minha editora preferida.
Yonne
4 de outubro de 2009

De Pedro Lago:
Thereza,
Imprimi o livro e li no papel. Com a caneta na mão, vi coisas que antes não havia visto. Amanhã vou à casa do Paulo Fichtner para lermos juntos e elaborarmos a orelha. Há dois ou três poemas que pretendo tirar e um artigo ou outro na lapidação profunda. Como estamos? Estou começando a ficar perfeccionista e exigente, deve ser a gestação.
:-)
Beijos mil,
Pietro Laguna
PS Incrível você mandar isso hoje, era justamente o que estava pensando.
:-)
PL
4 de outubro de 2009

De Daisy Justus:
Olá, Thereza Christina,
Tudo bem?

Estou enviando em anexo o texto que você revisou já atualizado, conforme combinamos. Usei a cor verde folha. O título do livro é Sala de Ensaio *e o poema "contraponto" passou a se chamar "ao rés do chão". Seguem também os três novos poemas.*
Temos algumas modificações sutis:
1- interrogação numa das frases de "lance de escada"
2- travessões na frase final de "poema de outono"
3- vírgulas no princípio e final de "água turva"
4- algumas frases frisadas na cor verde estão sem modificação: indicam apenas um deslocamento na arquitetura do poema.
Outra coisa, é que Dani faz questão de melhorar a qualidade das fotos. Vai trabalhar nelas um pouco mais e logo irei enviá-las.
Ainda fico devendo o texto de apresentação do livro.
Beijo
Daisy
PS Parabéns pelos textos sobre o mundo editorial e o da escrita.
4 de outubro de 2009

De Raquel Naveira:
Querida Thereza Christina,
Amo o difícil trabalho da revisão! Gosto de achar um "gatinho". Um dia, no Tribunal de Justiça, descobri num texto a palavra "refuto" e, pelo sentido da frase, cheguei à conclusão que deveria ser "reputo". Delirei de prazer.
Não estou conformada com a nova ortografia. Os alunos (acadêmicos de Letras) não conheciam as antigas regras e perderam totalmente o rumo. E eu que amava o trema? E ideia sem acento ficou uma péssima ideia. O jeito é nos conformarmos e tocarmos em frente. (Cruel, aos 52 anos, já ter vivido duas reformas ortográficas. Justo eu que fui bem alfabetizada e creio no valor do acento diferencial e no acento das subtônicas até hoje). Ai! Essa estranha sensação de não ser deste mundo! (Muitas são as coisas que observo, não condeno, não julgo, mas não amo).
Beijos,
Raquel
4 de outubro de 2009

De Augusto Sérgio Bastos:
Olá!

Gostei das suas observações. Precisas e práticas. Eu também faço e gosto de fazer revisão. É verdade: só confiar na prova impressa. Vejo uma característica fundamental no revisor: precisa ser desconfiado. Na mínima dúvida, vá ao dicionário, às gramáticas; não confie tanto na memória.
Grande abraço,
Augusto
4 de outubro de 2009

De Flávio Corrêa de Mello:
Parabéns pelo texto, bem escrito, revisado e com o enfoque necessário sobre o ato de revisar.
Abçs.
Flávio
5 de outubro de 2009

TOMANDO CHÁ COM O AUTOR

O primeiro papo é importantíssimo para a construção de um livro. É quando o autor expõe, pela primeira vez, a vontade de publicar. Se for um primeiro livro, então, vai dizer "que nunca fez isso antes". Claro, senão não seria um primeiro livro. Mas a necessidade de explicar que nunca passou por essa experiência é latente. Todos se atrapalham para falar sobre o incômodo sentimento de querer publicar um livro; um filho (!) muitos dizem, misturando-se a publicação a algo que é gerado e cuidado por nós, como filhos, plantas e animais.

Não é bem a mesma coisa. Um livro não é um filho. É muito mais complicado, porque temos de fazer o que a natureza faz sozinha. Assim um livro começa a ser concebido sem capa, sem orelhas, sem texto de contra capa, sem prefácio, sem biografia, nem foto do autor.

E ao chegar para esse primeiro papo, o autor só pensa em lançá-lo! Mas, calma, o livro nem nasceu e já estão pensando na distribuição, e novamente dizem que não sabem como se faz isso. Evidente que não. E essa parte é mais complicada ainda. Enquanto o livro depende unicamente do editor, é mais fácil, porém, quando ele começa a dar seus passinhos no mundo, aí entram livraria, distribuidor, representantes, depósitos, correio, tudo o que é gente que só vê no livro um "produto", não mais um "filho", ou a publicação de um autor.

Sei. E quando o livro é de poesia, a coisa é pior ainda: certa vez, tive de explicar a uma poeta que poesia não vende pouco, mas "aos poucos", e vende sempre.

Há um mercado "negro" de livros de poesia que a mídia e as estatísticas ainda não descobriram. A quem me diz que poesia não vende, eu pergunto: "Você vende poesia? Não? Se vendesse, saberia que poesia vende. Eu vendo poesia há 30 anos."

Mas voltemos ao chá com o autor: ele estava falando ali que há muito tempo quer publicar seu livro, que reuniu os poemas durante um período de convalescença, que viajou, que viveu fora, teve filhos, perdeu a mãe, o pai, o marido, a mulher... que os poemas são muito importantes para ele (pode ser prosa, mas a afluência de poetas é muito maior).

Certo, o que o autor está fazendo é confiando sua alma, seu sonho ao editor. E o editor que negligenciar isso, vai perder a chance de fazer um bom trabalho. O autor não quer apenas publicar um livro, ele quer que seu sonho se realize, e esta realização vai lhe custar um bom preço, pois sempre teremos de bancar nosso primeiro livro, quando não o segundo, o terceiro, o quarto... (se não houver um patrocínio de qualquer tipo).

Manuel Bandeira não tinha livro de poesia publicado quando foi eleito para a Academia Brasileira de Letras em 1940. Os amigos tiveram de se cotizar para que Manu tivesse 200 cópias de um com seus poemas reunidos, para oferecer aos acadêmicos depois da posse. Murilo Mendes nunca teve editor no Brasil. E Drummond só foi ser publicado pelo José Olympio depois do terceiro livro... Mário de Andrade também bancou a si próprio, como todos os poetas que se prezam, e que querem ver sua obra difundida.

Um livro para ser bancado por um editor tem que vender. Isso é ponto pacífico. Mas o primeiro encontro entre o autor e o editor para falar de seu livro, e tomarem seu primeiro chá ou café juntos, vai determinar a sequência do trabalho: ali eles estabelecem o que irão fazer, o título, a ordem dos poemas, o que sai e o que fica, e vão continuar conversando, até tudo ficar resolvido – a revisão, a paginação, a capa, ufa!

Até a última hora, surgirão problemas para serem resolvidos. Já vivi essa situação tantas vezes que nem sei mais como não fazê-la, mas toda vez me surpreendo com uma situação "nova", algo nunca experimentado antes. Se tudo vai bem durante a revisão e projeto gráfico do livro, pode esperar que na impressão vamos nos deparar com alguma surpresa. Mas há, curiosamente, os livros perfeitos, aqueles que nunca reclamam enquanto estão sendo preparados. A esses, cabe a glória da perfeição editorial, algo que só acontece em certas conjunções favoráveis de Vênus e Júpiter na Casa do Trabalho.

Senão, algum inferno astral se planteia em algum ponto da trajetória e é preciso ter sabedoria para segurar as mãos do autor e dizer: "Confie em mim, tudo vai dar certo", porque, por experiência, sabemos que vai dar – é só driblar as situações, uma a uma, à medida que surgem pela frente.

E tudo nasce naquele primeiro chá ou café que tomaram juntos.

Rio de Janeiro, 22 de outubro de 2009 – 23h32

De Oleg Almeida:
Perfeito, Thereza Christina:
a poesia não vende pouco, mas, sim, aos poucos!
Gostei muito desse seu texto.

Oleg Almeida, Brasília/DF, Brasil
(www.olegalmeida.com)
23 de outubro de 2009

O OFÍCIO DE EDITOR

Pensar o livro como coisa completa.
Pensá-lo por dentro e por fora, coisa una, amara.
O labor mil vezes repetido, infinitas vezes elaborado.
O livro não termina nunca,
pois, assim que acaba, começa outro.
Esperar que os livros se sucedam,
um a um, como afagos,
coisas íntimas de tão relidas, revê-las, encontrar os erros
que se depositam no fundo do casco.
Recompor a ode última para que nada falte.
Assim os livros vêm e vão, e não se despedem,
apenas partem,
pois o trabalho que tivemos nunca nos deixa.
É como se ainda os fizéssemos,
muito tempo depois de concluídos.
Quando preparamos os livros, eles entram e saem,
dois a dois, cada um a seu tempo,
escolhendo o seu par,
como os animais na arca de Noé.
Há livros que se assemelham, têm os mesmos traços,
livros parecidos tanto por fora quanto por dentro,
mas nunca sabemos quem será o par do outro:
só na impressão se revelam.
Curiosa dança dos livros,
em que concluir-se é um ritual.
Até para partirem, fazem uma mesura.
E, ao olhar para eles, todos prontos, nos perguntamos:
"Como conseguimos fazê-los todos?"

Rio de Janeiro, 24 de outubro de 2009 – 20h55

Prezada Titina,
estou gostando muito de seus textos sobre a publicação de livros. Você está apresentando, trazendo o lado humano desta tarefa. Agradeço.
Abraço de
Eunice Arruda
24 de outubro de 2009

Eunice,
sim, o lado humano dessa tarefa, nem sempre reconhecido. O pequeno editor tem a função de prospectar para o futuro, não só para o presente, das grandes edições, visando o lucro imediato. O que se publica tem que ser pensado a longo prazo.
Beijo grande e obrigada.
Thereza Christina

Thereza,
Aprecio a forma como você se refere à coisa livro. Pensada, escrita, dita, amada, dialogada, única e toda. Ainda revista, partilhada e editada. Coisa surpreendente e surpreendida. Risos, lágrimas norteiam o equilíbrio que se busca no ato de escrever, não falemos de "arte". Como subir montanhas e lá do alto sentir vertigem e deslumbramento, se for ao entardecer. Se chover, ventar ou simplesmente o céu estrelado nos mostrar estrelas cadentes... Tudo fica minúsculo diante do olhar do outro. Esse, sim, dá vida às dispersivas frases paradoxalmente encadeadas que carregam como formigas o suprimento que é a única forma de ser. O olhar do leitor. Isso serve para tudo nessa vida. Ler no sentido infinito. Um prato de arroz-com-feijão, um chá de erva cidreira, tudo absolutamente é carente de um toque no discurso que sempre busca outro. Palavras afagam todos os sentidos. O próprio toque no rosto, seja para higienizá-lo, secar o suor ou carícia. Esse entrelaçamento das palavras ditas ou não resolvem qualquer questão. Imprescindível o espelho real ou irreal.
Prazer enorme ler seus textos.
Cordialmente,
Bernardina de Oliveira
24 de outubro de 2009

Thereza,
essa amorosa relação com os livros, ou seja, essa grande arte do verdadeiro editor, continua a ser muito bem descrita por você. Sensibilidade profunda.
Beijos,
Afonso Henriques Neto
25 de outubro de 2009

Afonso,
cada livro tem a sua dimensão e ela cresce quanto mais estreita for a relação do editor com seu autor e vice-versa. Não há livro que se faça sozinho. O autor precisa confiar no editor. Neste momento, resolvi "botar para fora" esses meus "desabafos" editoriais, depois desses 10 primeiros anos editando livros como minha profissão principal. Antes eu fazia livros *também*. Hoje, faço *só* livros. Eles tomaram todo o meu tempo e toda a minha atenção. Ainda faço traduções (mas também serão livros). Deixei a advocacia de lado depois de 20 anos e as aulas de inglês não conseguiram mais ser agregadas ao meu dia a dia. Também tive de abandoná-las em prol do livro. Desde 2000, venho publicando quase exclusivamente poesia, o que é um assombro para a maioria dos editores, então, além de fazer algo que poucos fazem, ainda edito o que poucos publicam e, entre esses, busco ainda fazer as edições da melhor forma.
Não estou ditando regras, embora haja algumas que eu siga e passe aos autores como dicas de como fazer seus livros circularem. Foi o que fiz desde 1980, quando comecei a publicar os meus livros, então aprendi fazendo.
Minha felicidade é fazer um livro para alguém como se fosse meu, e depois dá-lo de presente, sem querer nada em troca. Isso não é incrível?
bjs.
Thereza Christina
PS Hoje acordei pensando nessas "regras" e em colocá-las por escrito, pois são coisas que repito para os autores *ad nauseam*. E como a maioria "nunca fez isso antes", é preciso que conheçam algumas instruções básicas.
25 de outubro de 2009

FOME DE SABER

À procura de algo para comer
nas livrarias, nos sebos.
Qualquer livro.
Se desse sorte,
uma enciclopédia,
colorida melhor ainda,
que tivesse folhas soltas,
pra não dar muito trabalho.
Comer livros literalmente:
começar com as letras,
terminar com os números,
limpar a boca com as folhas,
palitar os dentes com os travessões,
com a capa, termina a janta
e antes de deixar a mesa,
com as orelhas,
balança a pança.

Abçs do admirador,
Antonio Gutman
25 de outubro de 2009

OS DEZ MANDAMENTOS DO LIVRO

1º MANDAMENTO DO LIVRO

Releia o seu texto até a exaustão, até não querer mudar mais nada.

Enquanto isso não acontece, não se colocou o ponto final no livro. Esse processo pode acontecer durante o período de edição, não é sacrilégio, mas é preciso lembrar que a revisão só termina quando não se quer mais mexer no texto. Aí, sim, ele está pronto. A pressa em editá-lo macula a edição. Algo vai acabar saindo errado. O tempo é o melhor fazedor de livros – e o livro sabe o seu tempo e, por isso, é preciso respeitá-lo.

2º MANDAMENTO DO LIVRO

Tenha paciência com o tempo do livro.

Ele tem seu próprio tempo. Ele leva quanto tempo quiser. Não basta vontade para escrevê-lo. Lembre-se que a ideia foi dele de virar livro. Agora espere ele se fazer, sozinho. Escreva, escreva, escreva, esteja sempre à disposição. Quando ele estiver pronto, você saberá. Se tentar apressá-lo, irá virar um monstro, sairá tudo errado. Dê tempo para que o livro lhe diga o que e como quer ser feito, sem tentar conduzi-lo. Ausculte-o para saber o que ele diz e ele lhe dirá, nem que seja em sonhos.

3º MANDAMENTO DO LIVRO

Pesquise, não chute.
    Nada que for escrito no livro poderá ser falso. Você pode fantasiar, imaginar, mas mentir, nunca. O livro vai-lhe passar uma rasteira se fizer isso. Pesquise a fundo o assunto, leia tudo sobre ele, mergulhe nas conversas, compre tudo o que encontrar sobre o tema. Mesmo que não leia tudo, terá à mão quando precisar. E quando tiver certeza, duvide: você ainda não sabe tudo sobre o que está escrevendo. Cheque, cheque tudo, ortografia, nomes e datas. Se escrever uma palavra em francês, olhe no dicionário. Não chute, senão o livro chuta você.

4º MANDAMENTO DO LIVRO

Peça a opinião dos amigos.
    Estes são seus primeiros leitores, eles saberão quando algo for bom, mas não se fie só na opinião deles. Ouça e medite a respeito. Quando não souber o que fazer, espere. Espere que a resposta venha, do acaso, lendo outro livro, uma matéria de jornal, ouvindo uma notícia na televisão. Em geral, quando estamos escrevendo sobre um assunto, tudo o que tem a ver com ele começa a surgir de várias fontes, ocorrem coincidências incríveis só para ajudá-lo a continuar escrevendo.

5º MANDAMENTO DO LIVRO

O LIVRO NÃO É UMA COISA, É UM SER.

Um ser que pensa, acha, sente, dá opinião e reclama. Um livro dura muito mais tempo do que o seu autor, portanto, ele tem o dom da permanência. Enquanto não for molhado, nem queimado, ele durará uma eternidade. Um livro sabe a que veio e, enquanto não satisfizer as suas vontades, não virá a lume, não será impresso, porque ele sabe exatamente onde, como e por quem quer ser feito. Por isso, não empurre. Ele indicará o caminho.

6º MANDAMENTO DO LIVRO

SE A HISTÓRIA FOR BOA, ESCREVA UM LIVRO.

Todas as histórias existem para serem contadas. Desde os primórdios, os homens são narradores de si mesmos e, não contentes, querem que todos conheçam esses relatos. Por isso, o livro passou a existir, para substituir o narrador, que não poderia mais se valer apenas de sua língua. Se a história for boa, escreva. Se de tudo restar um poema, vale o poema.

7º MANDAMENTO DO LIVRO

Não fique convencido: você não fez nada sozinho.

Um livro é a somatória de todas as forças que o fizeram escrever seu romance, conto ou poema e publicá-lo. Para isso, existe o espírito do livro, a musa da poesia, os anjos da escrita, as inspirações ancestrais. Ninguém escreve sozinho, então, o mérito não é só seu, nem se publica um livro por si só. Todas as forças se unem para esse propósito. Atenda-as. O Universo agradece.

8º MANDAMENTO DO LIVRO

Não conte sobre o que vai escrever, senão a inspiração vai embora.

Essa lição é de Antonio Torres: não fale sobre o que quer escrever: escreva, senão a mente pensa que você já se desincumbiu da tarefa. Escrever exige concentração absoluta sobre o assunto e total discrição. Você pode mostrar o que já fez, mas não fale sobre o que vai fazer, senão não irá conseguir terminá-lo. Trabalhe sozinho, mas mostre a todos o resultado. Assim, saberão que você está trabalhando e ficarão à espera do livro.

9º MANDAMENTO DO LIVRO

Escolha um bom título.

O título é a porta de entrada do livro. Com ele, você abre todas as trancas e entra em todos os lugares. Ninguém esquece um bom título, mesmo que nunca tenha lido o livro. Ele é o coeficiente de aquisição da obra. Com ele, as pessoas não se esquecerão que seu livro existe.

10º MANDAMENTO DO LIVRO

Sempre carregue seu livro.

É a única forma de assegurar que o leitor verá o livro e, eventualmente, irá comprá-lo. Não tenha vergonha de vender o que você faz. Se não souber vender o próprio livro, quem venderá? Quanto mais gente souber que ele existe, mais pessoas falarão dele e mais terão vontade de comprá-lo. A divulgação é a mola do negócio.

Rio de Janeiro, 26-27 de outubro de 2009

BIBLOS

De fato, o livro surgia ante meus olhos
como um monumento.
Jorge de Lima

Eis o livro aberto,
as páginas brancas aguardando o poema,
antes mesmo de ser escrito.
O livro é anterior ao texto.
Eis-me áugure do momento irrealizado,
a decifrar o mito contido nas palavras:
as imagens jorram como água
sobre o papel,
o único a reter a vaga e a poesia,
forjando na pedra
o que já tinha sua forma
e, mesmo interminado,
é como deveria ser desde o princípio:
monumento pronto antes de concebido.

in *Odysseus & o Livro de Pandora,* inédito

LIVROS À MANCHEIA

O mercado editorial é tirano em relação a novos livros. Eles têm de atender às exigências de comercialização, senão são prontamente descartados. Quem determina a importância de um livro são os leitores, mas os editores, por entenderem "do que vende", conduzem o que é oferecido como as únicas opções possíveis.

É um cabo-de-guerra: ora a demanda exige, ora a oferta se abre. Mas o que as pessoas realmente querem ler, ninguém sabe, porque isso não está dito em lugar nenhum.

O único lugar que pode servir de termômetro talvez sejam as livrarias. E quem mais entende disso são os livreiros. Os editores (muitas vezes também livreiros) tentam perceber o que as pessoas querem ler. Eu, por meu lado, crio um público leitor, publico o que não tem em lugar nenhum, em vez de atender o que se pensa que os leitores queiram ler, pois isso só eles sabem. Mas como irão procurar o que não conhecem? É aí que o editor tem de "descobrir" o que eles poderão querer ler um dia.

Um livro só vende se estiver à venda. Se não for colocado à venda, não vende. E só saberemos se vende, se ele existir, para alguém comprá-lo. Se eu não o publicar, jamais saberei se ele vende. Temos de acreditar piamente que o melhor livro ainda será escrito, ainda será publicado, ainda será posto à venda. Então, é esse livro que temos de buscar.

A surpresa é o melhor ingrediente. Surpreenda sempre. Livros sobre os mesmos assuntos já publicados também vendem, pois um livro não compete com outro, ele o complementa. Sempre a visão de um autor é única, diferente de outro. Relatos pessoais sempre interessam, pois cada um tem um modo de enfrentar uma situação, então, são sempre novidade. Observar o que está à sua volta é a melhor forma de obter informações. Leia, veja, compare.

Passear por uma livraria para saber o que vem sendo publicado ultimamente dá uma dica sobre o que ainda não foi escrito – e, por outro lado, mostra assuntos que podem ser expandidos ainda mais. Ninguém rouba uma ideia, a não ser que a copie. Aí é plágio, e isso é crime. Mas falar sobre algo que alguém já falou, chama-se recriação. Por isso, todos os poemas de amor valem a pena, como todas as biografias e livros de viagem. Por mais que o homem seja o mesmo, nada se repete exatamente do mesmo modo, como os dias se sucedem e nunca são iguais.

Uma paisagem depende de quem a vê. Italo Calvino escreveu sobre as *Cidades invisíveis*, aquelas que só o viajante conhece, pois uma cidade nunca é a mesma para duas pessoas. O mesmo acontece com um livro: todo relato é único. E quanto melhor contarmos a nossa história, mais pessoas irão querer lê-la. Foi o que fizeram Machado, Clarice, Drummond, Cecília, Quintana, cada um contou a mesma história, ou histórias parecidas, ao seu modo e, com isso, ganharam fama. Mario de Andrade escreveu um único romance: não precisou de outro. Oscar Wilde, idem, e ambos são conhecidos especialmente por eles: *Macunaíma* e *O retrato de Dorian Gray*.

Shakespeare, quando escreveu *Romeu e Julieta*, inspirou-se na história de outro autor, mas a escreveu de forma tão singular, que a outra peça sequer é conhecida.

O importante não é ser inédito, mas escrever da melhor forma o que tiver para contar. *Drácula* foi inspirado na história de John Polidori, médico pessoal de Lord Byron, chamada *O Vampiro*, escrita na mesma noite de tempestade, à beira do Lago Léman, em Genebra, que engendrou *Frankenstein*. Mary Shelley criou seu monstro a partir de relatos sobre um médico alemão que tentava ressuscitar cadáveres. Bram Stocker completou o que o médico de Byron esboçara e sua história vingou.

Escolha seu tema: é preciso surpreender. Mesmo que faça algo conhecido, faça-o como se fosse a primeira vez – e conseguirá alcançar o tom para contá-la como nova.

Rio de Janeiro, 2 de novembro de 2009 – 21h46

~

De Antonio Gutman:

PALAVRAS

As palavras passeiam
pela minha mente,
no início, tímidas,
corajosas mais à frente.
As palavras passeiam
pela minha mente.
Sempre que as vejo
imagino que o poema possa se abrir.
Tão fácil agrupar as palavras,
tão difícil a poesia surgir.

Abçs, Gutman
2 de novembro de 2009

PERGUNTAS MAIS FREQUENTES
(O FAQ DOS LIVROS)

Ontem um autor me perguntou à queima-roupa: "O que é quarta capa?" Eu, num primeiro instante, pensei, "Ora! Todo livro tem e ele não sabe". Depois, ponderei: "Eu deveria ter dito contra capa". Mas acho que nem esse termo ele saberia, pois esse publiquês só é usado por editores e autores iniciados, não iniciantes.

Há palavras que são utilizadas no dia a dia da editora e falamos sem pensar: "Veja o colofão". "Está na página de crédito". "Verifique a folha de rosto". "Não se esqueça da falsa folha de rosto". "Cheque o índice" (essa é fácil). "Qual a mancha da página?" "Qual a entrelinha?" "Vamos começar a diagramação". "O projeto gráfico ficou interessante". "Ficou bom o layout do livro". Há?

É como conversa de médico, advogado ou economista, só eles entendem. "Falem português!", diria um autor mais aflito. Então, quarta capa ninguém sabe. É que a primeira capa é a da frente, aí temos a segunda e terceira na parte de dentro do livro e a quarta é a última, de trás... "Ah, por que não explicou logo?"

Hoje, também, me perguntaram: "O que é produção editorial?" Parece que estamos falando chinês, não é? É justamente o trabalho de fazer o livro, sem produção editorial o livro não existe.

Tem pessoas que imaginam que livro é Xerox: "Imprima meu livro aí", e apertássemos um botão e saísse um livro pronto do outro lado. É quase isso, mas só depois de ajustarmos, alinharmos, arrumarmos, checarmos, revisarmos e gramarmos para colocar tudo no lugar, e haja olho para achar todos os errinhos que ficam escondidos atrás de outros, pois vemos um e não vemos aquele logo ao lado.

Quantos mais erros houver num original, mais difícil de pegar todos: um erro sempre acaba passando, que vem desde a primeira digitação feita pelo autor e resiste a todas as revisões e passa, invicto, para a impressão, gritando: "Ehhhh, vocês não me pegaram!"

Que coisa... É o pesadelo de qualquer editor. Há erros pavorosos que ficam na capa, na contra capa, na orelha, no frontispício (essa é nova, né?), no cabeçalho, na dedicatória, etc., etc., etc.

Não existe uma edição sem erro. Se não houver erro aparente, há algum escondido que só o editor vê. E ninguém vai saber onde está, só um olho mais esperto vai conseguir perceber a discrepância.

Um dos meus livros, *Lilases*, saiu sem erros. Nenhum erro ortográfico. Mas na hora de imprimir a imagem na segunda e terceira capas (internas), esta saiu de cabeça para baixo. Só eu sabia disso. O livro esgotou e ninguém percebeu, só se olhasse com muita atenção para ver que um dos quadros da capa estava reproduzido dentro de ponta-cabeça.

Isso me convenceu que esses erros só acontecem para nos provar que não somos deuses. Que fazemos livros "quase" perfeitos. Que, para fazer livros perfeitos, é preciso muita, mas muita sorte e competência. Quem lida com edições sabe dos azares que assombram os livros na hora da impressão. Como existe o anjo da impressão, existe o anjo sabotador de impressão. Essa é uma tese minha antiga que vejo toda vez ser corroborada.

Quando digo a um autor: "Preciso de um texto para a orelha", ele responde: "O quê? Quem escreve isso?"

Os autores novatos que me perdoem, mas um pouco de conhecimento editorial é fundamental. Observem os livros à sua volta e descobrirão como fazer o seu, pelo menos a entender como são feitos.

Podemos evitar falar o publiquês, mas quando entramos na seara de um profissional, temos de chamar as coisas pelo nome que elas têm, e não dá para chamar colofão por outro nome – página de fechamento do livro, até pode ser – mas ninguém chama bisturi de "faquinha" – é bisturi e ponto.

Assim, aprendemos, aos poucos, as palavras que cercam o ofício de publicar – livros são sedutores, eles nos ensinam o que não sabemos, seja lendo-os ou fazendo-os.

Rio de Janeiro, 6 de novembro de 2009 – 1h10

SALVOS PELA PALAVRA

Se me contassem, eu não iria acreditar, mas creiam, publicar e falar de livros toma um tempo enorme da nossa vida. Já toquei violão, já fui bailarina, professora de inglês e advogada, e hoje só tenho tempo para escrever, traduzir e publicar livros.

A atividade editorial toma todo o meu tempo disponível e o restante, se eu conseguir fazer, vai ser por obra e graça do Divino Espírito Santo. Quando não estou pensando num livro, estou escrevendo um livro, senão revisando um livro, traduzindo um livro ou lendo um livro!

O que faço no meu tempo livre? Leio livros. O que faço para me distrair? Vou a livrarias atrás de mais livros. E quando não faço nada disso, sento para tomar um café com um livro nas mãos.

Diriam que é obsessão, e eu concordo: é. Mas, se eu fosse jogador de futebol, estaria o dia todo com a bola no pé. Assim, não surpreende que eu só pense em livros: é o que eu faço. E sobre o que eu falo? Livros.

Como advogados, engenheiros e médicos, só falam sobre sua profissão e raramente falarão sobre outra coisa. Para ser perfeito no que se faz, é preciso dedicar-se de corpo e alma. Alma e corpo amalgamados, pois só uma carne entrelaçada de espírito pode suportar a pressão de fazer o que mais gosta.

Pode ser assim em outras profissões, afinal, ser atriz, modelo, fotógrafo, diretor, pintor, escultor não é diferente, mas só posso falar da minha, e digo que é como cachaça: não se larga.

Publicar tem a ver com a perpetuação da

vida. Aquilo que publicamos, fica. O que escrevemos, continua vivo. O que pensamos, colocamos no papel e imprimimos, permanece.

Houve um poeta que disse que não servia para fazer nada, a não ser pensar nas coisas, pois, ora, alguém tem de pensar sobre elas. E o editor pensa o livro. Não só pensa, como faz com que nasça. Elabora, ao menor detalhe, tudo o que ele deve conter e, não satisfeito, ainda fica feliz em contar para todo mundo o que fez.

Todo mundo tem um pouco de bicho-carpinteiro de editor. Todo mundo já sonhou em publicar um livro, ou pensou seriamente em fazê-lo, mas nem todo mundo leva seu intento até o fim. Claro, não é para qualquer um. É preciso ter nascido para isso. Como um escriba, como um monge copista, um rato de biblioteca. Esses vivem para os livros e os livros viverão dez mil vezes para eles.

Assim me lembro de Borges, Neruda, Gabriela Mistral, Cecília Meireles, Quintana, Drummond, Mário de Andrade, Henriqueta Lisboa, Cora Coralina, todos devotados a livros em suas mentes, todos irmãos solidários das causas perdidas, poetas, escritores do acaso, irmãos entre si, de uma coisa única que é a palavra.

Clarice, Hilda, Pessoa. Eis uma tríade, uma trindade. Para quem escreve, lê-los é importantíssimo. Machado, José de Alencar, Alphonsus de Guimaraens, Cruz e Sousa.

Leiam, leiam tudo, para que no dia em que lhes faltar palavras, possam encontrá-las ali, no mais recôndito poema, no livro mais abandonado, e nunca mais esquecê-las.

Rio de Janeiro, 12 de novembro de 2009 – 3h12

AUTOR DE PRIMEIRA VIAGEM (1)

Thereza,
desculpe a minha ignorância de autor de primeira viagem, os livros tem de ficar comigo? Como assim? Sei que a maior parte dos livros vende-se, realmente, no lançamento e, por isso, a maior parte deles tem de vir para São Paulo. Mas, para mim? Sempre pensei que eles iriam direto para a livraria. Se eles vêm para mim, eu é que teria de levá-los para a livraria no dia do lançamento? E como fariam as vendas? Como o livro entra e sai da livraria, em termos de cadastro? E os livros que sobrarem?

Mais uma vez, desculpe-me imenso a enxurrada de perguntas. Realmente, estou tentando entender todo o processo (sei que é difícil essa distância entre a minha inexperiência e a experiência de vocês...)
Beijo
F.

F.,
você terá de funcionar como depósito. A livraria (qualquer uma delas, incluindo a do lançamento) não armazena livros em grande quantidade. Eu fico com parte desse estoque para distribuição no Rio e atender a pedidos que sejam feitos por outras livrarias. Mas em São Paulo (e como o livro é seu), ele precisa ficar com você, seja para você tê-lo à mão, seja para levá-lo onde você for lançar, é assim que é.

Livros não ficam em livrarias, livrarias não têm mais estoque, eles só consignam uma determinada quantidade para o lançamento e depois devolvem o que não vendeu e pagam o que vendeu, 30 dias depois do acerto, no mínimo. A Saraiva paga em 60 dias, depois de 30 do acerto, por exemplo.

Podemos ter o melhor relacionamento do mundo com um livreiro, ele nunca estocará nossos livros. Imagine se todas as editoras fizessem isso, não iriam ter onde guardá-los. Livros ocupam espaço, e eles não têm mais espaço, por isso estão cada vez maiores, veja todas as megastores. Fora os *bestsellers*, eles apenas têm um exemplar de cada título.

Eu, por minha vez, não tenho espaço para estocar mais de 50 livros de cada autor. Se eu lhe mostrar quantos livros tenho aqui, você iria me dizer que eu preciso abrir uma livraria. Se tenho 150 títulos publicados e de cada um tenho entre 50 e 100 exemplares, faça as contas. São pelo menos 10.000 exemplares, na média, pois há já os esgotados e os que têm menos exemplares e outros que têm mais, fora os livros da editora, que guardo a tiragem integral, até 1.000 exemplares.

Entendo sua surpresa e espanto, mas é assim que funciona. Mandamos os exemplares para o lançamento em consignação, eles são cadastrados e vendidos pela livraria, que depois faz o acerto e a devolução do que não foi vendido.

Sempre carregue um livro com você. É a garantia de que alguém mais o verá. E bonito como vai ficar, você vai querer carregá-lo; 500 exemplares se esgotam rápido, se você souber trabalhá-los. Em dois anos, você não terá mais nenhum.

Suas perguntas são típicas de quem nunca vendeu livros. Normalmente, ninguém sabe nem quanto a

livraria cobra, 50% do preço de capa (de venda). Espero ter sido elucidativa. Se ainda tiver alguma pergunta, faça.
Bjs.
Thereza Christina

Rio de Janeiro, 14 de novembro de 2009 – 20h27

AUTOR DE PRIMEIRA VIAGEM (2)

Olá, Thereza, boa tarde,
Escrevo para confirmar se você teve algum problema com o arquivo por conta do apagão e se verificou a possibilidade de fazermos um número maior de cópias a fim de diminuir o preço de capa do livro.

Desculpe a insistência: marinheira de primeira viagem. Favor avisar-me se estou acelerando muito os fatos.
Att,
J.

J.,
ainda não obtive resposta da gráfica quanto ao orçamento já solicitado.

O apagão na terça conturbou todo o restante da semana.

Assim que eu receber o orçamento, eu lhe repasso.

Essa é a primeira lição: um dia de atraso na gráfica, por qualquer motivo, são mais três para recuperá-lo, portanto, na segunda ou terça receberemos o orçamento.

Bjs.
Thereza Christina

À ESPERA DO LIVRO

Um livro, ainda que tardio! Quanto tempo se pode esperar por um livro? Hoje recebi um original, que o autor fez acompanhar por um bilhete de próprio punho, onde confessou: "Vamos ver se desencanta".

O que faz um livro demorar tanto? Dar a sensação de que encruou? De que nunca será publicado? O livro, mudo que é, jamais vai dizer, nem revelar nada. Temos de ter a paciência de Jó sendo testado por Deus. E toda a sabedoria bíblica para cruzar todos os desertos e suportar todas as tentações, até realizá-lo.

Há aqueles que desistem no meio do caminho. Mas há os que nunca arrefecem. A estes, eu rendo minhas homenagens, pois é preciso ter muita obstinação e coragem para se chegar ao final da jornada.

Um livro, ainda que tardio! Um livro que se desencante e nos encante ao se publicar.

Tenho um projeto que está encantado, justamente, sobre livrarias, repositórios de livros à espera de seu dono. Um ambiente sagrado, que todos entram com respeito. Não há livraria que não nos faça estremecer, por mais antiga e poeirenta que seja.

Já tentei obter patrocínio, dar corda no meu intento, e fico só pela metade, incompleto. Falta algo, e esse algo estou começando a desconfiar o que seja, mas não vou contar para não estragar a surpresa.

Ao editor, ao livreiro, o livro. E em pensar que algo tão complexo surja apenas da imaginação.

Eis meu propósito: descobrir o caminho que o livro deverá percorrer para vir a lume, para deixar de sombra sobre mim. É preciso, mais do que preciso, que eu descubra por onde ele deve passar. Se não for por um trajeto, deverá ser por outro, mas seja qual for, não posso ter preguiça, não posso desanimar.

Tudo o que faço é isto: livros. Penso neles noite e dia. E quem não os pensa? Como este autor, desencantado, que me pede para desencantar seu livro – um livro tão bom, tão bem escrito, meu Deus, não pode ficar na gaveta.

Nascemos para isso: para dizer ao futuro ao que viemos.

Rio de Janeiro, 19 de novembro de 2009 – 00h50

REVISÃO EM ANDAMENTO

Leonardo,
eu já deveria saber como é, mas creio que mesmo depois de tanto tempo, eu ainda esteja aprendendo.

Comecei a segunda leitura de seu livro e qual não foi meu espanto ao descobrir coisas que não tinha visto ou deixei passar na primeira leitura, enquanto me preocupava com as outras alterações que fiz e lhe passei.

Você vai se surpreender também. E claro a segunda leitura (bem como as demais que a sucedem), sempre melhoram de forma considerável o texto revisado. Surgiram dúvidas que antes não tive. É como se estivesse lendo (de novo) pela primeira vez.

É tão surpreendente que toda vez me pergunto a mesma coisa: como foi que não vi? E a resposta se repete: não sei. Só sei que é preciso insistir.

Fizemos este trabalho antes, a quatro mãos, ainda ajudado por outro revisor, o melhor que já tive, de seu primeiro livro, que até hoje é um marco para mim: *Os que estão aí* é um livro célebre, não só por ter sido o primeiro livro de contos que publiquei, mas por ser exatamente esse, como ele é.

Este seu segundo livro é muito diverso do primeiro, também interessante, mas de outro modo. Há imagens belíssimas, passagens interessantes, enfoques curiosos, cenas inusitadas. Os contos têm um negror próprio, que se assemelha às imagens que vemos à noite, não tão claras, mas com contorno definido. E na minha busca de lapidar essa descrição, as palavras vão se moldando, se alternando, como se ajustando à fala.

É bom que não tenhamos um prazo para terminar. É um livro que demanda muita atenção, tanto pela tensão com que os contos são narrados quanto pela forma como estão escritos.

Senti-me tentada a lhe mandar os primeiros contos que já revi, mas vou chegar ao menos à metade do livro, senão ficará fragmentado, mas minha surpresa não cessa, por isso queria que já os visse, para adiantar a sua leitura.

Se preferir que eu já lhe mande, como fizemos da primeira vez, diga-me para que lhe passe o que já foi visto.

Abraços,
Thereza Christina

Rio de Janeiro, 20 de novembro de 2009 – 10h18

EU ESCREVO ALGUNS POEMAS...

Olá, Thereza,
meu nome é Filipe e eu sou aluno da Salete. Além de ator, eu sou músico (pianista) e escrevo alguns poemas. Não me considero um "Poeta", mas escrevo algo aqui e ali. Não tenho a menor experiência com esse mercado e gostaria de saber como fazer parte dele. Eu não sei nem como registrar os meus poemas. Salete me recomendou falar com você, que talvez pudesse me ajudar.
Muito obrigado.
Felipe Santos

Caro Felipe,
antes de mais nada, obrigada por me escrever para me perguntar se eu poderia ajudá-lo. Mas, claro que posso. Um poeta não pode continuar na gaveta por muito tempo. Senão ele não cresce. Não se torna "grande". Um poeta deve ousar, ousar dar o primeiro passo.

Depois, tudo se acerta. Escrever aqui e ali é o que um poeta faz. Além de ler aqui e ali. Não há necessidade de experiência anterior para publicar, aprende-se publicando. Não há escola para autores, nem editores. Aprende-se fazendo.

Por mais que estudemos letras e literatura, produção gráfica ou editorial, sempre estaremos aprendendo com os livros.

Estes são os únicos mestres.

Registrar poemas é uma precaução burocrática. Veja se Vinicius de Moraes fez isso. Aposto que não. Mas se quiser registrá-los, vá a Biblioteca Nacional, no

Edifício Capanema, no 11º andar, no Departamento de Direitos Autorais e registre seus poemas.

Assim terá certeza de que continuarão seus. Até um cartório de títulos e documentos faz o registro. Você escolhe.

Depois me diga em que mais posso ajudá-lo.

Grande abraço da amiga de sua professora Salete,

Thereza Christina

Rio de Janeiro, 30 de novembro de 2009 – 00h35
Aniversário de morte de Fernando Pessoa

A EXPERIÊNCIA DA PRESSA

A pressa é inimiga da perfeição e dos livros. Livro com pressa sai errado, mas quando é que fazemos um livro sem pressa? É uma raridade quase absoluta. Sempre temos pressa ou alguém a nos apressar:
 – Quando fica pronto o livro?
 – Quando você vai lançá-lo?
Atenção: só se lançam livros depois de estarem impressos, antes não adianta marcar lançamento. Quando dizemos que um livro ficará pronto em novembro, não quer dizer que ele será lançado, apenas que está "pronto para impressão", o que não é exatamente a mesma coisa. E mesmo que esteja pronto para impressão, até imprimi-lo são outros quinhentos, porque, durante esse processo, ainda podem acontecer imprevistos.

Gráficas são lugares estranhos onde esses imprevistos acontecem. Quando pensamos que já vimos tudo em termos de gráfica, descobrimos que não. Eu já vi de tudo, e continuo me surpreendendo. A última experiência foi ver cola demais na lombada de um livro, a ponto de grudar as páginas bem junto ao vinco e deixar uma "capa" de cola tão espessa que parecia que uma página havia sido arrancada dali.

Agora, me explique: cadê o produtor gráfico que não viu isso? Por que um livro exatamente igual a este, feito na mesma gráfica, não teve esse problema? Das duas, uma: ou não foram feitos pela mesma pessoa, ou alguém virou o tubo de cola.

A pressa estraga tudo: faz com que negligenciemos os detalhes. Em meu último livro, recém-lançado, uma amiga descobriu dois erros crassos, um gramatical e outro de lapso de digitação e de revisão. Logo eu que não gosto de deixar passar nada. E por que passaram? Justamente pela pressa com que finalizei meu livrinho, que, de tão pequeno, não merecia ter nenhum errinho, mas justamente os livros menores possuem uma maior concentração de erros por centímetro quadrado. Quanto mais papel, mais os erros se "espalham"...

Hoje recebi um telefonema de uma autora me cobrando um prazo de entrega de seu livro. Eu já tinha explicado o atraso, mas ela, não satisfeita, quis ouvir a explicação novamente, e eu expliquei: a revisão não estava concluída, pois, ao reler o livro pela segunda vez, depois de ter passado pela revisora e pela própria autora, descobri erros de revisão que "passaram" e que a pressa em finalizar um livro com tanto texto, fez com que esses erros ficassem "invisíveis".

Esse é o maior equívoco de todos: ter pressa para terminar. O sono, o cansaço, a vista turva, o hábito com o texto, o tédio em reler as mesmas palavras, tudo colabora para que nos apressemos e queiramos logo nos "livrar" do livro.

Se quisermos nos livrar dele, o livro se vingará mantendo os erros ocultos que negligenciamos em revisar. Então, muita calma nesse momento: não ponha um fim na revisão antes que ela acabe, senão o erro continuará no livro, como os dois errinhos que eu, pela pressa que me impus, pelo prazo que estipulei, fizeram com que toda a dedicação de meses pensando em meu livro aguasse.

E isso não desejo a ninguém que publico: tenham paciência para terminar um livro, não se adiantem, colocando o carro na frente dos bois, ou melhor, o lançamento antes da impressão, ou a impressão antes da revisão. A revisão é fundamental para que os erros sejam retirados, para que o livro se cure de nossa inadvertida incorreção.

A calma que não tive, desejo a todos que edito, pois, pela experiência da pressa, sei que será a única coisa que o livro não irá perdoar.

Rio de Janeiro, 1º de dezembro de 2009 – 1h58

A BIBLIOTECA DE ALEXANDRIA

Um sábio se lembrou da biblioteca onde trabalhou um dia. Esta, cujas paredes continham todos os livros, trazidos de todos os lugares, como imposto de cultura a quem passasse por ali. Deixavam papiros, pergaminhos, tabuletas de argila, palimpsestos, lápides de mármore, cascas de árvore, tudo que contivesse um texto.

Essas histórias, escritas em todas as línguas, convergiam para uma única sala, cheia de mesas e cadeiras, divãs e espreguiçadeiras, onde se sentavam os jovens e os anciãos para consultar essas "páginas".

Toda a vida do mundo voltava-se para este lugar, a grande biblioteca da cidade fundada por Alexandre, que mesmo jovem, era erudito – seu tutor, Aristóteles, não o poupou em seus estudos. Daí a fama de disseminador de cultura que tinha. E esses livros, documentos de todos os tempos até então, enchiam a vista dos guardadores de livros de pele de cabra.

Livros eram objetos raros, únicos. Copiá-los era um sacerdócio. Transcrevê-los, traduzi-los, uma missão para poucos. Por isso, o sábio se lembrava do tempo em que era jovem, copiando os textos que lhe passavam pelas mãos. Aprendia, assim, a copiar e a ler o que entendia.

Os hieróglifos, o demótico, as letras cuneiformes, o grego, o latim... O tempo ali não passava, encerrado nas palavras e tudo o que lia era sagrado, como sagrado era o templo de Thot, deus da literatura e criador do alfabeto. Maat, a deusa das leis, usava as palavras para julgar os homens, pelas ações boas ou más praticadas em vida. Pesava, com a pena, a alma dos homens e dos faraós, filhos de Rá.

Certo dia, a biblioteca se extinguiu, consumida pelo fogo. Júlio César mandou queimá-la para que não difundisse o conhecimento que ela continha. A única forma de obter o poder. Mal sabia que ele mesmo seria assassinado pela cegueira de seus compatriotas.

E o sábio só lembrava dos textos que copiara, dos livros lidos à noite, sob o candeeiro, ou à luz do dia, das histórias que lhe foram dadas para estudar.

Assim lembramos de todos os livros que lemos, pois eles, mesmo ausentes, jamais nos abandonam.

Rio de Janeiro, 3 de dezembro de 2009 – 2h47

∽

De Léo Ferreira:
Thereza,
Você é uma mulher-livro, uma editora apaixonada. Nunca vi alguém que gostasse tanto de livros quanto você.
Bjs.
Léo
PS: Se você fosse um inseto, seria uma espécie de traça traidora da raça, canibal, que comeria as outras traças só para não ter de furar as páginas... hehehe
3 de dezembro de 2009

Léo,
Só rindo... kkkk
Mulher-livro? De onde você tirou isso? rs... Mas, se livros são o que faço e, se não fizesse, não faria outra coisa tão bem feita? Ora. Se me juntei com quem também faz livros para não ter de falar de outra coisa? E convivo com quem escreve e vende livros para que o assunto não fuja ao que mais gosto de falar? Ainda para completar, me associo a outros editores para ter certeza de que só falaremos sobre livros.

Depois que li seu email, fui à cozinha comer um pêssego, e me lembrei de outro livro: *As meninas*, de Lygia Fagundes Telles, que descreve uma jovem comendo um pêssego.

Tudo que conheço está num livro. Tudo que conheci veio de um livro. Todas as vidas circunscritas, todas as histórias que li, tudo escrito em livros.

O livro é maior que o homem, porque o contém, apesar de os homens escreverem livros, são os livros que os encerram. Se quiser conhecer um homem, leia o que ele escreve. Depois que um homem morre, apenas seus livros o preservam, tal como ele queria ser lembrado.

Mulheres-livro.

Homens-livro.

Crianças-livro.

Países-livro.

Livros-livro.

O que não foi escrito, um dia será. E o que já foi lido, um dia será relido.

Assim é, assim será.

Beijos,

Thereza Christina

3 de dezembro de 2009

DIVULGAÇÃO X DISTRIBUIÇÃO: A CIGARRA E A FORMIGA

Não é de hoje que a confusão entre esses dois temas me toma tempo para explicar o que é um e o que é o outro. Invariavelmente, um autor novo me pergunta:

– Você também faz divulgação dos livros?

Antes de responder que sim, tenho de tomar o cuidado de perguntar o que ele entende por "divulgação", e a revelação vem, em seguida:

– Você os coloca à venda nas livrarias?

Aí eu tenho de parar a conversa e dizer que não são a mesma coisa: divulgação não é distribuição de livros, mas sem a divulgação, não adianta distribuí-los, porém, mesmo divulgando, nem sempre as livrarias aceitam a distribuição dos nossos lançamentos.

– Por quê?

Divulgar é anunciar o lançamento de um livro, contratar um assessor de imprensa, e conseguir notas nas editorias de cultura, uma chamadinha numa coluna social, ou em sites da internet, mandar convites virtuais e impressos, ligar para os amigos dizendo que está lançando um livro. Divulgar é tudo o que importa, avisar a Deus e todo mundo que o livro existe e que já pode ser comprado.

Pergunta seguinte:

– Onde?

Aí temos de explicar que autores novos ficam juntos num lugar só para ver se crescem, como numa estufa, todos muito quentinhos, para que as raízes incipientes se agarrem ao solo.

— ...?

Não é nada disso... A distribuição dos livros é a parte mais dolorosa, depois do lançamento, a mais trabalhosa, a mais onerosa e a mais lenta. Sem um distribuidor (ou mesmo com ele), temos de abrir caminho para dentro das livrarias, conhecer o livreiro, o vendedor, o caixa, o segurança, a compradora, frequentar esse espaço onde os livros se reúnem.

Distribuição é o trabalho de formiguinha, enquanto a cigarra (a divulgação) canta. Ou seja, uma não existe sem a outra, como na fábula, mas só divulgar não adianta, e querer distribuir sem divulgar não funciona.

Na ausência de uma divulgação eficaz, o melhor jeito é colocar a boca no trombone e avisar todo mundo que se conhece que tem livro novo na praça. Mas se conseguirmos uma notinha, se entrar na agenda de lançamentos, ou a foto da capa do livro nas sugestões do Prosa & Verso ou do Ideias... Que alegria!

Distribuir requer os instrumentos certos, os conhecimentos dentro das livrarias, e muita, muita paciência, porque mesmo depois de entrar em dez livrarias, é preciso verificar se o livro vendeu, checar o estado dos livros, fazer os acertos... Isso eu digo como pequena editora que tem de cuidar tanto do livro quanto da venda e consignação das nossas edições.

O acerto é incerto. Nem sempre temos a certeza de receber ou sequer de vender, mas a mágica acontece. A insistência faz com que descubramos as melhores livrarias e onde devemos consignar (ou não) os nossos livros.

O tempo é o melhor conselheiro. Há dez anos venho fazendo isso e ainda estou aprendendo o caminho que me leva à vitrine de uma livraria, à relação dos mais vendidos, aos mais clicados no site de vendas.

O livro começa como ideia e termina como produto de venda e objeto de comércio. O livreiro e o divulgador só veem o livro como mercadoria.

E é como mercadoria que temos que pensar o nosso livro, senão ele não vende. E se quisermos vendê-lo, vamos ter de entender um pouco melhor essa mecânica que faz com que as pessoas saiam de casa ou cliquem um mouse para comprar o livro.

É uma luta e uma vitória, todos os dias.

Rio de Janeiro, 15 de dezembro de 2009 – 21h30

~

Usina da Comunicação – www.usinadacomunicacao.com.br disse:
Thereza,
que ótimo receber este texto. Me fez lembrar dos meus tempos de assistente editorial da Revan. Eu tinha uma agonia enorme por conta da falta de divulgação... O sentimento foi tamanho que fui fazer uma segunda faculdade, jornalismo.
Há anos sou assessora de imprensa. Há uns cinco anos divulgando os livros da Ibis Libris. Trabalho árduo, difícil, de bastidor, mas compensador.
É uma sensação incrível quando se consegue emplacar um autor em um importante programa de TV, quando um blog especializado comenta o livro, sai na lista de lançamentos, ou uma bela resenha... Sabor de vitória! De conquista a favor da leitura. Sei que o texto não foi escrito para mim, mas ganhei um presente seu. Em nome da Usina da Comunicação, muito obrigada!
Beijão.
Claudia Abreu Campos
15 de dezembro de 2009

De Pedro Du Bois:
Parabéns, Thereza, pelo texto.
Oportuno e pertinente.
Infelizmente.
Abraços,
Pedro
17 de dezembro de 2009

De Luiz Otávio Oliani:
Thereza,
todos esses textos que tem escrito constituem verdadeiras aulas, ensinamentos que valem ouro e devem ser repassados a todos: escritores, capistas, revisores, editores, enfim, são temas interessantíssimos e inerentes a todos que lidam com o processo criativo! Acompanho com prazer e alegria a chegada de cada capítulo desta obra que realiza gradativamente.
Que venha o livro de ensaios!
Obrigado e um beijo,
Oliani
12 de janeiro de 2010

De Bernardina de Oliveira:
Thereza,
Aprecio seus textos! Repito. Reservo sempre um tempinho especial para lê-los. Sinto-me irmanada com as angústias de quem reúne nas mãos, não duas faces da mesma moeda, mas uma coleção de moedas com múltiplas faces. Ser escritor-revisor!!!!! Leitor de dimensão maior. Relê, embarca em emoções outras. Revisor-revisor cola o olhar na higiene do texto! Derruba as fronteiras entre literário e científico e marcha em frente. Observa o signo na propriedade de estar coerente, coeso...! Se necessário, embosca o "belo" e a fera. Mas o escritor/poeta-revisor sangra! Faz uma viagem permissiva na primeira leitura! Leve censura... Sentir o texto na totalidade! Quem sabe...
Aí que entra o que você dissecou com precisão e que, realmente, dá rasteira no olhar: "o hábito com o texto". Nesse terreno ficcional, ou se voa com o autor para se "sentir o clima", ou se vira de supetão predador dos "erros", dos crassos, dos cabeludos... dos mínimos... Que fazer com os errinhos simpáticos? Amorosos, fotogênicos... fujões... Fatais...!

Saiba, Thereza, esse tamanho zelo compõe o universo da revisora profissional perfeccionista! Isso é bom! Compreensível... Ter um revisor, um tradutor infalível (existe???) é sonho de todo escritor. Agora, um escritor/revisor tão íntegro como você, é luxo só. Livro também erra!!!! É só mudar a ortografia!!! Rssss!!!
Estou ansiosa para ler o seu novo livro!
Bernardina de Oliveira
12 de janeiro de 2010

NA BOULDER BOOKSTORE

Há poucas coisas como tomar café numa livraria. Há um pouco de displicência ao sentar-se a uma pequena mesa, ou numa banqueta, e saborear um café como nenhum outro. Seja o que o tiver trazido até ali – um livro, esperar um amigo ou apenas estar sozinho – o café parece uma continuação da leitura ainda não iniciada. Assim como o cartaz afixado à minha frente:

> *Normalmente, a BookEnd's tem mais fregueses do que cadeiras. Por favor, ajude-nos a resolver esse problema oferecendo um lugar vazio em sua mesa a um amigo desconhecido, ou ceder sua cadeira a um cliente novo, se já terminou sua refeição ou sua bebida. Lembre-se que você pode precisar dessa generosidade de uma próxima vez. Obrigado.*

A música ambiente pode ser qualquer uma, desde que não deixe os espíritos exaltados. Um *soft rock blues* ou uma música clássica, dependendo do ânimo do DJ de plantão no equipamento. O som confunde-se com o barulho da máquina de café que nao para de fazer expressos e cappuccinos um atrás do outro.

Todos os detalhes do ambiente contam: o formato das cadeiras, feitas para acomodar donos de cabeças pensantes ou um bom papo. O desalinho dos frequentadores nada tem a ver com o que fazem – estão de passagem, não vieram para um encontro – embora possam se deparar com vários amigos, também de passagem, ou não ver ninguém conhecido. Apenas tomam seu café – macchiatos, descafeinados, lattes –

e saem sobraçando um livro, um cartão ou mais um CD ou DVD. Mas o que realmente lhes deu o prazer complementar de estar ali foi o café, além do que vieram fazer – mesmo que fosse só passar o tempo – até seu próximo compromisso.

Boulder, 25 de janeiro de 2005 – 16h50
A Boulder Bookstore fica na 1107 Pearl Street,
Boulder, Colorado, EUA

ONDE NASCEM OS LIVROS

Assim como os bebês, os livros nascem, mas não depois de nove meses de gestação. Um livro dura muito mais do que seu autor, então, se prepare para produzir algo eterno.

Produzir um livro é um ofício que se iguala ao dos padeiros, alfaiates, carpinteiros, oleiros, músicos e maestros. Tudo é feito comedidamente, gesto a gesto, movimento a movimento, medida a medida, colocando sal, o alfinete, o prego, a água e as mãos no ponto exato, para dar consistência ao produto final.

Um livro é uma obra de arte que sai do ateliê do editor como peça acabada. Se assim não for, não será um livro – será um calhamaço de papel entre duas capas, como uma lista telefônica qualquer que ninguém lê senão no desespero para encontrar um número, largando-a depois de consultá-la. Até esta lista teve alguém que se dedicou a ela, e deve estar tão correta quanto qualquer outro livro, mas quem se importa?

O outro livro de que estou falando, a obra, resulta da arte de seu editor, não só da criação, palavra a palavra, de seu autor. Afinar os termos, o desenho da mancha, conjugar a numeração da página com a altura do texto, os olhos percorrem as distâncias, calculando mentalmente o que possa estar fora de esquadro.

Ai, há livros que dá dó só de olhar! Esses filhos feios que nos escapam das mãos, que certos parteiros pouco atentos nos entortaram as páginas, esses gráficos que falham ao imprimir aquilo que tão cuidadosamente arquitetamos, esses nunca terão consolo.

Sempre nos farão lembrar a dor de querer tê-los evitado. Mas é um desejo vão. Assim olhamos para os outros livros, aqueles esbeltos exemplares que contemplamos de relance, suspirando por tê-los feito. Quanto tempo dedicamos a eles!

Fazer um livro não leva tempo: leva muito tempo. Aquelas perguntas clássicas ("Quando meu livro fica pronto?") soam como quem encomenda um bolo ou uma torta, em que os ingredientes se misturarão e, ao assarem, serão como coisa certa ao sair do forno.

Não. Um livro não é um bolo, não é uma torta ou uma empada – nada se compara a isso, senão a expectativa dos filhos, que não sabemos como serão. Mas os livros sabemos, só não podemos dizer exatamente quando.

Os livros nascem do desejo de vê-los impressos. É a primeira visão que nos toma. Um livro pronto antes mesmo de escrito. E depois nos pomos a elaborá-lo e essa elaboração nos consome um tempo que não temos como controlar.

Os livros nascem de sua própria vontade – nós, intermediários que somos, estamos aqui para servi-los, portanto, não pergunte quanto um livro vende. Isso ofende o próprio livro, que não quer se quantificar, pois pelo que carrega, ele é inestimável.

Os livros nascem de uma história que precisa ser recontada várias vezes. E antes mesmo que pensemos como, eles se fazem, para que cuidemos deles, passemos aos outros o que eles contêm.

Um dia, o livro não será senão a história, numa tela de computador, ou num Kindle, um e-book, uma gravação, um programa que reproduz seu conteúdo. E o que foi um dia a página áspera de um livro antigo, será memória das leituras que fizemos sobre os livros que guardamos, ou volumes arrumados numa estante, em bibliotecas distantes, das quais só temos a lembrança.

Mas mesmo então, será um livro, num outro suporte, numa outra época, igualmente preparado, revisado, editado, corrigido, para que se leia nele o que poderia ter sido escrito na argila, como foi um dia, e hoje brilha numa tela, o eterno livro.

Rio de Janeiro, 13 de janeiro de 2010 – 2h00

50 ANOS DA MORTE DE CAMUS

Certos fatos, por vezes, passam despercebidos, e este quase me escapou, não fosse a minha famigerada mania de fazer coisas impulsivamente e, de repente, constatar que fiz algo importante, sem saber.

No dia 4 de janeiro, comprei *O Estrangeiro*, de Camus, que já tinha lido em inglês e que encomendara na Livraria da Travessa, para uma pesquisa que pretendo fazer, eis senão quando, li hoje em *O Globo*, na crônica do Dapieve, sobre a vinda de Camus ao Brasil em 1949, ser esta a data da morte de Camus, num acidente de carro, em 1960, na França.

Rewind. Há alguns anos, encontrei no sebo Luzes da Cidade, em Botafogo, um livro de fotos de Camus, numa edição especial, que se "dava" ao cliente que comprasse um livro da coleção Pléiade, porém, este volume estava sendo vendido a R$ 50,00 e eu, sem titubear, comprei-o imediatamente, sem nem saber por que estava fazendo isso.

Poucos anos depois, enquanto editava um livro que mesclava vários trechos de história contemporânea, a morte de Camus foi mencionada num texto retirado de uma página da internet, que dizia que o escritor francês havia morrido num "acidente viário". Ponto de interrogação. Eu que, até então, desconhecia a *causa mortis* do meu dileto Camus (antes mesmo de saber por que tão dileto), corrigi: "acidente aéreo", considerando "viário" como se fosse de "aviação". Confusão minha.

Dormi e acordei no dia seguinte sozinha em casa e, antes de tomar o café da manhã, peguei na estante o tal livro de fotos de Camus que havia comprado no sebo, para olhá-lo pela primeira vez e, ao folheá-lo, deparei-me com a foto do carro em que viajava Camus estraçalhado contra uma árvore. Aí compreendi tudo: o "viário" era de "viação", o texto provavelmente havia sido escrito em Portugal e meu autor havia copiado aquele texto sem corrigir, restando a mim, pobre editora, saber mais de Camus do que eu sabia.

Isso só para mostrar que, quando se edita um livro, os assuntos saltam à nossa frente, e não é a primeira vez nem a segunda que isso acontece. Isso ocorre sempre. Toda vez que lidamos com um assunto num livro, as palavras e temas ocorrem inesperadamente, seja em outro livro, num artigo de jornal ou entrevista de televisão. É impressionante.

Aprendi sobre Camus por Camus mesmo, e agora aconteceu novamente. Ele veio ao meu encontro nos 50 anos de sua morte, sem que eu o soubesse, carregando o único livro que li dele, nessa homenagem póstuma, ele que recebeu o Nobel no ano em que nasci, em 1957. E o fascínio por este James Dean intelectual, como o chamou Dapieve, este *pied noir* existencialista, continua desenfreado. Até eu entender por que ele me chama para ouvi-lo, e eu o atendo.

O exemplar de *O Estrangeiro*, que li em inglês, encontrei na deliciosa biblioteca de meu amigo Pedro Lage, que tem livros que só vi ali e ele gentilmente me empresta, sabendo que irei devolvê-los (como fiz). Achei o texto inebriante.

Mesmo não tendo lido mais nada de Camus até hoje, sei que haverá um momento para lê-lo. O livro espera.

Rio de Janeiro, 15 de janeiro de 2010 – 9h00

Thereza,
Adoro a maneira algo esotérica, algo espiritualista, com que você descreve as situações que vivencia, e que quase sempre evocam momentos passados, os quais você consegue interligar ao presente.
Muito legal!
Beijos,
Lilian Maial
15 de janeiro de 2010

Lili,
essa é a famosa sincronicidade apontada por Jung, estamos sempre vivendo algo sincrônico e não sabemos. E aí não é espiritualista, é simplesmente psicológico. André Breton, grande poeta surrealista francês, chamava isto de "acaso objetivo", em que se faz algo sem saber por que se está fazendo, mas que tem, em seu meio, um fim, mesmo que desconhecido. É o que eu chamo de "razão intrínseca" que normalmente não se sabe qual é senão muito tempo depois. Breton fala do acaso objetivo em seu livro *Amor louco*, que ele descreve como veio a conhecer sua futura mulher, mãe de sua única filha, a quem ele escreve uma carta no dia em que ela nasceu, para explicar como tudo aconteceu para que ela viesse ao mundo. A sincronicidade, o acaso objetivo e a razão intrínseca são primos entre si, e todos tentam explicar por quê, para quê estamos por aqui trafegando nossos destinos, senão para ligar esses pontinhos e descobrir que não fazemos outra coisa senão viver à mercê desses acasos "racionais". Essa história do Camus me aconteceu em 2004 e só agora consegui contá-la. É uma das experiências lítero-transcendentais mais incríveis que já experienciei, quando eu senti que Camus estava me corrigindo, como se dissesse: "Menina, eu não morri num avião", mas com todo carinho do mundo, entende?
Por que eu peguei aquele livro de fotos ao acaso justamente no dia seguinte de ter feito a revisão no texto que falava de Camus? Quando peguei o livro eu não pensei nisso, só pensei: "Deixa eu olhar este livro que ainda não vi". E quando o comprei? Muito tempo antes desse texto chegar às minhas mãos... Vai ouvindo... hehehe

Beijos,
Thereza Christina

Eu entendo isso tudo, e acho interessantíssimo como você (se) observa e consegue relatar cronologicamente detalhes que muito poucos dariam atenção. É isso o que acho fenomenal!
Beijos,
Maial – sem rima intencional... rsrsrsrs

Maial Fenomenal!
Você é nossa Bacall!
Minha cabeça funciona com um sistema de associações cronológicas, em que vou juntando o nome à figura, e ligando os pontinhos, como eu disse. Para mim não tem coisa mais interessante do que analisar do ponto de vista macro, como é tudo isso dentro de um contexto maior. O que estou fazendo para contribuir para o todo? Como o todo ou a parte influi na minha vida? O que cada um está fazendo agora para que eu dê mais um passo à frente? O que eu contribuo para que alguém também caminhe adiante? Cada pecinha que acrescentamos, altera a visão do todo. Isso eu aprendi com Fernão Capelo Gaivota, que queria voar mais alto para ver o todo, contrariando as regras do bando. Eu vou somando tudo, incluindo os números. Quando você consegue "the great picture", ou como o americano gosta de dizer, ter a visão "outside the box", você entende coisas que por estar muito perto não consegue enxergar. E isso eu faço em tudo, em relação a mim e na vida dos outros, até com fatos históricos. Para você dar risada, eu cheguei à seguinte conclusão: todas as guerras e tratados de paz se originam por preferências sexuais, basta procurar a cama. Por isso, habituou-se a selar tratados de paz com casamentos. O que o casamento tem a ver com isso? Nada. Mas para o ser humano, a preferência sexual vem na frente. Se alguém declarou guerra a alguém, tem mulher e cama no meio, pode procurar. Vide a Guerra de Troia, a mais famosa delas, começou por causa do rapto de Helena, que não era de Troia, e sim grega.
Tudo tem um fundo sexual, já dizia Freud, que percebeu isso nos mitos gregos. Daí o complexo de Édipo e de Electra, mas tem muitos outros mitos que mantêm a preferência sexual, fora as tragédias, e

isso vai até Shakespeare, que se baseou no mesmo formato para escrever suas peças. Sempre há uma mulher que trai, um homem que pula a cerca, ou um ciúme desmedido, fora casamentos de conveniência, e reis que perdem seu trono pela ambição de suas filhas... sem falar de Hamlet que mata todo mundo, incluindo a mãe, sem querer, por vias indiretas, e Macbeth, induzindo a mulher à loucura. Enfim, tudo tem a ver com tudo, é só ligar os pontinhos...
Bjs.
Thereza Christina

Thereza,
Gostei muito do seu texto sobre o nascimento de um livro; tomara que um dia autores, editores e livreiros consigam unir forças e briguem pela causa maior do setor: transformar o ato de ler em uma mania nacional que vá da diarista à socialite; do gari ao presidente da República. Sou da opinião que deveríamos fazer um grande lobby junto aos autores de novela para que as personagens que leem livros fossem os mocinhos e mocinhas, ao invés de os "esquisitos". Acho que deveríamos utilizar outras táticas de convencimento sobre os benefícios da leitura além do politicamente correto "você vai se tornar uma pessoa mais culta"; quantos adolescentes leriam compulsivamente se percebessem que, quanto maior o conhecimento, mais fácil impressionar a garota bonitona da escola? Quantas dondocas se tornariam consumidoras de literatura, se alguém as convencesse de que "ler é chique"? Quantas pessoas poderiam começar a se interessar por livros pelos motivos errados (ou menos nobres) e poderiam se tornar mais adiante apreciadores do que realmente importa? Quem sabe um dia todo condomínio residencial, todo presídio, todo hospital, todo sindicato, toda sede de associação de moradores tenha a sua biblioteca ou sala de leitura.
Um abraço.
Francisco de Campos Júnior
15 de janeiro de 2010

LIVROS, MELHOR NÃO TÊ-LOS...

Há um pensamento que associa os livros aos filhos, por serem produtos de nossa "lavra". E ainda o adágio árabe que diz que, para se viver completamente, deve-se "plantar uma árvore, ter um filho e escrever um livro", como se tudo isso viesse numa mesma receita.

As pessoas crescem com essa sensação de que não terão vivido plenamente enquanto não fizerem essas três coisas. É possível ser feliz sem ter filhos. É possível se realizar sem escrever um livro. E igualmente sem ter plantado uma árvore. Mas esses três exercícios se aplicam à utilidade humana. Como existir sem deixar uma realização? Um legado, que seja?

Mesmo que o ofício não implique em escrever, qualquer um pode desejar publicar um livro, seja de memórias, histórias, contos ou poesia. E ainda, mesmo que não escreva um romance, uma crônica ou um conto, terá escrito ou desejado escrever um poema.

Curiosa a tendência humana para a escrita, nós que nem sabemos de onde ela vem, por mais teorias que formulem, muito menos por que livros fascinam tanto, e editoras amealhem tanto poder.

Os maiores escritores dependeram de quem os publicasse, e mesmo Agatha Christie, quando lançou seu primeiro livro em 21 de janeiro de 1921, há exatos 89 anos, também assinou um contrato leonino, em que o editor lucrava com os seis primeiros livros, não apenas o primeiro que ela havia escrito. *O misterioso caso de Styles* lançava Hercule Poirot como seu campeão das histórias policiais. E antes de concluir o último volume da série, a Dama do Império Britânico, título que lhe foi conferido em 1971, já sabia como lidar com suas publicações e seus editores.

Mas ela foi caso único na história editorial. Ninguém vendeu tanto quanto ela durante tanto tempo. Foram 55 anos de uma carreira brilhante, sem ter sido nem de longe ameaçada. Os novos sucessos editoriais de hoje não assombram da forma como ela reinou entre seus leitores. J. K. Rowling é fichinha perto de Dame Agatha.

Procuram-se novos velhos autores. Autores novos como os velhos. O que se faz em literatura hoje não supera o que foi feito no passado. E torna os livros antigos mais deslumbrantes. Pois, então, é preciso superar essa marca refazendo o percurso dos velhos autores. O que os tornou tão célebres? Lê-los é uma forma de aprender. Voltar no tempo e consultar os clássicos é um modo de lembrar.

A escrita é como qualquer exercício: é preciso praticá-la, juntamente com a leitura. Se não lemos, perdemos o hábito e abandonamos a mente para os ócios mais vãos. Ler, nem que seja aos poucos, é fundamental. Um poema lido, entre um telefonema e outro, pode mudar o seu dia. Um parágrafo pode transformar a sua monotonia em catarse. Uma frase pode construir um pensamento e trazer-lhe a conclusão que procurava. É preciso ler para que não nos tornemos vagos. Tenhamos, ao menos, uma reflexão sobre o que é dito. Descubramos algo que está ali escondido entre as páginas.

Abra um livro ao acaso e leia silenciosamente como se rezasse um credo. Do mesmo modo, escreva para si mesmo o que gostaria que os outros lessem.

Rabisque as ideias e deixa-as fermentar. Escrever cabe em qualquer ofício.

Agatha Christie anotava suas ideias em cadernos e lá expunha as suas dúvidas e perguntas, armava a trama que iria compor no conto ou no romance. Como um mapa de explorador anotado com o que encontrou pelo caminho.

O adágio árabe pode nos induzir ao erro de pensar que fomos feitos para escrever livros, ter filhos e plantar árvores. Ou, talvez, esteja certo de que devêssemos fazer somente isso mesmo.

Rio de Janeiro, 21 de janeiro de 2010 – 8h17
89 anos do lançamento do primeiro livro de Agatha Christie,
O misterioso caso de Styles

AS VIAGENS DE UM LIVRO

Muito bem, você se senta confortavelmente em sua cadeira para ler o livro que escolheu a dedo. Seja que leitura for, você agora não está mais neste mundo. Entrou na sala dourada dos sonhos, onde tudo o que imagina é perfeito, e somente o que está no livro lhe interessa.

Onde ficaram as contas para pagar ou os telefonemas de última hora? Não existem mais. Seus compromissos foram suspensos por prazo indeterminado, enquanto estiver com um livro nas mãos. E lê-lo é tudo o que importa.

Às vezes, revejo meus livros nas prateleiras e encontro um que me acompanha a vida inteira. Quantas mudanças ele já não enfrentou? Imediatamente, me lembro de todos os outros que não tenho mais, que perdi depois de algum relacionamento desfeito ou para quem os emprestei.

Mas aquele que escolho para ler me transporta para algum lugar onde nunca estive, ou do qual me esqueci. E, enquanto durar a leitura, estarei lá, retida entre um verso e outro, entre uma frase e outra, ouvindo somente as palavras que leio.

Certa vez, na Boulder Bookstore, li num cartaz no subsolo da livraria: "Armchair Traveling", ou seja, "Viagem de Poltrona", e morri de rir, pois todos os livros eram sobre turismo, ou guias de viagem. A bem da verdade, todos os livros são passagens para alguma viagem, seja exterior ou interior. Ver fotos de Veneza, ao menos, me faz sentir lá.

Outra aventura é entrar numa livraria em busca

de livro nenhum, e deixar que o livro me chame. Como saberia o que encontrar entre tantos livros? Mas o olhar experiente faz com que encontremos aquele que nos interessa, e do qual nunca ouvimos falar. Por isso, pescar em livrarias faz com que encontremos peixes bem interessantes.

Já cansei de ouvir pessoas que dizem que não podem entrar numa livraria sem sair de lá carregando ao menos um livro. Ou só convivo com pessoas que leem, ou há muito mais leitores do que as estatísticas indicam.

Sei que há muitos que não abrem livros, que nem os têm em casa, mas sei também quanto as bibliotecas passaram a ser frequentadas nos fins de semana depois que a Prefeitura resolveu abri-las aos sábados e domingos. Quem tem tempo para ler durante a semana? E invariavelmente vejo pessoas lendo em ônibus e metrôs. Não julgo pelos títulos, pode ser qualquer coisa, mas estão lendo!

Há algum tempo, um amigo me contou uma história deliciosa. Ele resolveu fazer uma volta ao mundo e, entre todos os livros que poderia levar, colocou o meu na mala – então *Chiaroscuro – Poems in the dark*, deu a volta ao mundo na mala desse amigo e retornou com ele para casa.

Não só os livros nos fazem viajar, como também viajam conosco e, quando não podemos levar muitos (isso só o Kindle resolve!), levamos aquele que nos é mais caro, do qual não queremos nos separar nem quando viajamos.

Entre as capas de um livro cabem muitas aventuras, sejam elas nossas ou de outras pessoas, mas quando as visitamos, passamos nós a ser os personagens daquela viagem, daquela história, daquela vida, a ponto de confundirmos ficção com realidade (por isso prefiro biografias).

Minha mãe faz coleção de dicionários. Ela adora livros de referência. Livros de frases, livros de termos especiais, fora os dicionários de línguas, uma das fascinações dela. Deve ser por esse motivo que se casou com meu pai que falava nove línguas (!).

Uma das brincadeiras que eu propunha a ele quando pequena era: "Vamos falar inglês?", antes mesmo que eu dominasse o idioma. A mania dos pais passa para os filhos, seja de colecionar livros, escrevê-los, ou traduzi-los.

E, ainda, mamãe adora livros em miniatura: como era a filha caçula, achava que tudo o que fosse pequeno era dela, então, as coleções de poesia de minha avó em formato reduzido ficaram todas com ela. E foi de um desses livros, de Casimiro de Abreu, que ela leu para mim o poema "Meus oito anos", no meu oitavo aniversário.

Livros são viagens para lugares onde nunca sonhamos estar e que, muitas vezes, continuam a viver em nossos sonhos.

Rio de Janeiro, 23 de janeiro de 2010 – 15h56

UM GRANDE DESAFIO

Autores sofrem todo tipo de temor, principalmente, complexo de rejeição. Não basta escrever: eles precisam se sentir aprovados. E a falta de críticos habilitados com tempo de fazer avaliações é excruciante.

Até um livro chegar à prateleira (quando chega), ele sofre toda forma de revés: primeiro, tem de vencer a resistência do autor para escrevê-lo. Segundo, tem de ser corrigido com esmero. Terceiro, alguém terá de aprová-lo de forma isenta, sem *partie pris*, pois de nada vale a opinião de amigo, a não ser que seja um bom crítico. Quarto e último, o texto terá de ficar pronto para edição, que não é o final da escrita. Depois de terminar a história, ele terá de passar por um longo processo de revisão, com ou sem copydesk, porque outro olhar irá se somar à leitura gramatical e ortográfica – a da coerência editorial.

Um texto pode estar inconcluso ou incompleto e o autor não perceber. Aí alguém terá de avisá-lo, seja a mulher ou marido (que nessa hora entra como coeditor), seja o amigo editor. Não há livro que chegue à editora pronto. Ele sempre terá de ser bem revisado e várias vezes, de preferência.

De todos os livros que já publiquei, encontrei textos, de prosa ou poesia, com menos erros, mas nenhum sem erro, nenhum livro chegou perfeito. Só houve um que beirou a perfeição, mas este, infelizmente, nunca foi publicado. O autor tinha idade para ser meu bisavô: esse sabia escrever.

Todos os autores são iguais, nesse aspecto,

só mudam de endereço. Todos irão querer se sentir aprovados, têm ânsia de saber se aquilo que escreveram é bom. Eu lembro de uma cena com Jane Fonda, no filme *Julia* (1977), em que interpreta Lillian Hellman, que entrega os originais de seu romance, escrito na casa de praia, para Dashiell Hammett (interpretado por Jason Robards) ler, e ela não sossega enquanto ele não diz:

– Está perfeito, Lillian. É seu melhor livro.

Guardei esta cena como lembrete de que todos os escritores são inseguros – só sabem dar opinião convicta sobre o que os outros escrevem, nunca sobre sua própria obra. E se não fossem nossos amigos poetas e prosadores, estaríamos sem quem nos "avaliasse" seriamente.

A crítica, que já foi séria neste país, hoje trafega mais os valores comerciais, nem tanto literários de uma obra – embora as obras analisadas mereçam avaliação e os resenhistas o façam de forma competente –, mas as obras nacionais carecem de uma análise mais profunda, em vez de tão pitoresca. Não sabemos quem vende, nem que é lido, nem quem é bom. E o que sai no jornal não é tudo o que é publicado, falta muito para que eles tenham um alcance real do que é lançado em nosso mercado editorial. Os cadernos literários simplesmente não têm espaço para publicar tudo – apenas uma pálida ideia do que realmente sai.

Mas algo muda no cenário e sempre quem conduz essa mudança é o leitor e o livreiro, além do editor. Se o editor traz algo novo e o livreiro percebe, o leitor é o primeiro a ser beneficiado. E quem disse que o editor tem que trazer só o que o leitor já conhece? Esse é o maior desafio do editor, oferecer o que o leitor não conhece e o livreiro perspicaz apresentará a nova leitura como desafio para o leitor. É muito tênue a diferença entre a novidade e o lixo. Mas o leitor sabe distingui-la quando a vê.

Hoje temos um glorioso dia: reinaugura-se a Travessa, no seu lugar de nascimento, na Travessa do Ouvidor, 17, como a primeira livraria só de editoras independentes e universitárias, além de algumas independentes estrangeiras. Ao perceber essa tendência de mercado entre editoras e leitores, a Travessa soube pegar o vento favorável e sair na frente. Que todos se beneficiem com esta mudança, até mesmo as editoras comerciais tradicionais que "dirigem" o mercado. Mas há um submercado que elas não alcançam e neste, estamos nós.

Começar é um grande desafio, mas continuar a enfrentar as mudanças, é um desafio ainda maior.

Rio de Janeiro, 25 de janeiro de 2010 – 00h38

A NATUREZA NÃO DÁ SALTOS

O fascínio que o mundo dos livros causa sobre as pessoas é impressionante. Os olhos chegam a brilhar quando falam sobre publicar um livro. A notoriedade salta à frente antes mesmo do lançamento. A expectativa é irresistível.

Se tudo ocorresse como se espera não teríamos tantas frustrações. A questão é, só se aprende a caminhar, caminhando. Só se aprende a fazer um livro, publicando. Antes disso, é tudo ficção científica, tudo experimental, tudo projeto irrealizado, tudo fantasia, tudo imaginação.

Fazer um livro ocupa todo o tempo possível para ser executado. Se temos seis meses, levará seis meses e meio. Não é possível estabelecer um cronograma, pois todos os imprevistos acontecem. É como a velha piada, se não acontece antes, nem durante, acontece depois. Se tudo dá certo no começo, no final, espere algum atraso.

Como a natureza, um livro não dá saltos, é preciso palmilhar cada centímetro de sua feitura. Primeiro, o texto. Depois, a revisão. Terceiro, o projeto gráfico, de capa e miolo. Por último, a impressão, que é como voltar à estaca zero, porque todo o trabalho tido até aqui foi um, depois de ser entregue à gráfica, são outros quinhentos.

Cada autor aprende sozinho a vencer esses percalços. Com quem aprendemos a nadar? Com a mãe, com o pai, com o tio, com o irmão, a irmã. Pois é, é uma relação íntima. Só aprendemos com alguém muito próximo, que se interessa ao máximo em nos proteger de levar um "caldo", mas não poderá evitá-lo, se vier uma onda de uma hora para outra.

Se pudéssemos espremer toda a experiência num passe de mágica, tiraríamos o encanto de vencer essas etapas. Hoje falei com um autor e disse a ele que estava no meio da revisão do livro dele. "Oba!", ele disse, "já estou ansioso". Típico. Essa ansiedade faz parte do processo. Para outro, eu disse: "Continue escrevendo, você é capaz de fazer isso". Afinal, o livro é dele. Ele não precisa de ninguém para escrevê-lo por ele.

Experiência é algo intransferível. Outra autora recebeu a minha revisão e está reescrevendo as partes obscuras. Desculpou-se por ainda não ter assimilado a nova correção ortográfica e estava refazendo tudo o que assinalei. Boa menina. Fui contabilizar os livros que estão em espera, iniciando o processo de produção e caí pra trás: 40. Se eu publiquei 23 ano passado, como espero finalizar 40? Só Deus sabe. E estamos em janeiro!

No décimo ano desde que abri a editora, ainda me sinto uma principiante, fazendo tudo pela primeira vez, porque nem toda experiência que temos nos tira o frio na barriga, a ansiedade, a expectativa de fazer um livro para quem quer que seja. Não estou falando do autor, estou falando por mim. Eu torço junto, sofro junto, choro junto, grito junto, esperneio junto, dou cabeçadas na parede.

Uma das minhas melhores autoras padeceu um ano e meio comigo, preparando um livro de contos e, a cada revisão, ela dizia: "Encontrei cada erro ótimo!" Se todos os autores pensassem como ela (e alguns pensam!), editar livros seria um paraíso!

Rio de Janeiro, 27 de janeiro de 2010 – 21h02

AS LIÇÕES DO LIVRO

Um livro é um exercício de humildade. E o reverso da humildade é a vaidade. Ou aprendemos a ser humildes, ou só mostramos nossa presunção.

Mario de Andrade já dizia isso sobre o que se escreve: "Se o mostramos, é por vaidade; se não o mostramos, é por vaidade também". Por isso, fazer livros é difícil, para debastar-nos a imodéstia, excessiva em qualquer livro.

Desde o princípio, o autor precisa ser humilde, pois seu texto, antes de impresso, é só um texto. E depois, é só um livro. O que faz com que um livro seja grande é o próprio livro, não seu autor. Sabemos disso quando vemos a obra ser maior do que quem a deixou.

Ainda bem que resta o livro, pois com ele podemos conviver. Há autores que são inconviviveis. Como editora, me deparo com autores que se julgam grandes antes mesmo de serem publicados. Aí já não é vaidade, é soberba.

O livro é um exercício de humildade. E os erros existem para provar que não somos deuses. Não há perfeição possível. O máximo que conseguimos é beirar a excelência, mas, em algum lugar, ficará a marca de Caim.

Vejam Saramago, por exemplo. Este homem, único Prêmio Nobel da língua portuguesa, conseguiu se tornar notável por insistir no avesso da vaidade. Aplicou-se em fazer o que sabe fazer melhor. Por mais que eu discorde de suas ideias e acredite no valor da poesia (coisa que ele não acredita), ele fez pela nossa língua o que nenhum outro autor conseguiu: deu-lhe celebridade.

Mas voltemos à lição do livro: é preciso ter humildade para fazê-lo, desde escrever a primeira linha até publicá-lo. Vendê-lo não é menos esforço, mas aí o serviço está pronto.

Há pouco, ao rever pela enésima vez um livro antes de seguir para impressão (e me perguntando por que ele está demorando tanto), encontro mais um erro que passou debaixo das barbas de todo mundo. Preceito nº. 1: quando tiver certeza, duvide, você está errado. Olhe tudo de novo, pois algum erro ainda deve estar escondido.

Dito e feito: onde menos eu esperava, lá estava o assanhado, uma letrinha sobrando no nome do prefaciador. Arre! Por isso o livro não tinha desgrudado do chão, insistindo para ser reolhado. "Me revisem, por favor!" Um livro sempre sabe mais do que nós. Incrível!

Como eu não sou cética como Saramago, digo que foi o Anjo do Livro que me mostrou esse último erro, com dó de mim, com certeza, porque iria ficar muito feio, num livro tão bonito e tão revisado, passar essezinho. E isso é fato, quanto mais erros um livro tiver, mais difícil pegar todos, a não ser que não se faça mais nada (e quando não fazemos mais nada?), senão lê-lo e relê-lo.

Ai, meus sais! Mais carinho do que tive para fazer esse livro, eu não merecia mesmo que o erro passasse e não passou! Ainda terei uma última chance de olhar novamente – nunca tenham pressa para fazer um livro, nós erramos o tempo todo, e quando os anjos piscam, podem não conseguir pegar um último errinho.

Rio de Janeiro, 31 de janeiro de 2010 – 23h12

O TEMPO DOS LIVROS

"Por que livros demoram tanto?", me perguntou um autor, num tom aflito.

Essa pergunta é irrespondível. Cada livro tem seu tempo, e é preciso respeitá-lo. É preciso aprender a caminhar com o livro. Deixar que ele nos mostre o caminho. Não adianta ser caprichoso com ele. Um livro não atende às nossas vontades. Atende somente às dele, que são muitas.

A convivência com livros me mostrou que todos são aparentemente iguais e inteiramente individuais. Como os seres humanos, os livros se parecem por fora, mas são distintos por dentro. Podem conter páginas e palavras, mas o conteúdo dita o seu peso.

O caminho para se fazer um livro começa na irremediável criação. "As palavras fluem, os poemas nascem prontos", me disse outra autora, me explicando a urgência de publicá-los.

Eu sei, eu sei, é assim mesmo, os poemas ovíparos nascem prontos, como os ovos. Já os poemas vivíparos, são lapidados, um a um, como diamantes. E a cada releitura, os lapidamos um pouco mais, me explicou outro poeta que publiquei. Quanto se aprende com esses autores!

Mas, e tempo do livro? O que determina quanto ele demorará para ficar pronto? Isso nem o melhor astrólogo ou vidente poderão responder, pois livros têm a sua maturação prescrita nas folhas das árvores onde são colhidas as suas páginas. Livro é matéria viva, não um objeto, é um ser, por isso, vive como quer, faz o que quer, e nós somos os intermediários entre pensá-los e publicá-los.

Dê tempo ao livro. É tudo o que ele precisa para ficar pronto. Não o apresse, não o afobe, não o aflija. Ele precisa de tempo para evoluir, crescer e adquirir a sua forma. Há livros que nascem prontos, outros se fazem lentamente, com o passar de meses e anos. E se tentamos acelerar este processo, acabaremos por danar sua construção.

Meu autor conformou-se ao me ouvir dizer:

– Vamos dar tempo ao livro e fazê-lo sem pressa.

É o único modo de termos certeza de que ele ficará perfeito.

Rio de Janeiro, 6 de fevereiro de 2010 – 19h14

ONDE TUDO COMEÇA

Um dos ensinamentos que aprendi há vinte anos, quando era professora de inglês, foi: "Volte à primeira pergunta". O intuito era fazer um *tour* com o aluno por todas as variações de uma mesma frase utilizando os pronomes pessoais e as devidas conjugações, bem como todos os tempos verbais. Tínhamos de nos lembrar de voltar à primeira pergunta, onde havíamos começado. Sem isso, não se teria completado o ciclo de raciocínio do aluno, que perceberia, ao longo do exercício, que todas as palavras e conjugações se justapõem a partir de uma mesma frase.

O mesmo acontece na preparação de um livro: "Volte ao início". Ao revisar um livro (que é fundamental para que todas as peças se encaixem), temos de percorrer o ciclo do texto, do começo ao fim, e voltar novamente ao início para termos a certeza de que não saltamos nenhuma parte. Se o ciclo se fechar em nosso "retorno", o livro estará completo.

João Gilberto Noll declarou que sabe que um livro está pronto quando não altera mais nada, portanto, enquanto estivermos alterando, o livro não estará terminado. A falta de qualquer parte, torna-o incompleto. Não devemos deixar nada para depois. Isso retardará todo o processo.

Da mesma forma, só sei que uma revisão está terminada quando não faço mais emendas. Enquanto eu estiver tirando e colocando vírgulas, ajeitando frases e querendo relê-lo, ele não estará pronto.

Uma das coisas que mais me irritam é quando me dizem ao me entregar um original para publicação:

– Já está revisado.

Eu sempre respondo:

– Du-vi-do.

E não dá outra. Revisão é para profissionais. O melhor autor não sabe se revisar. O melhor revisor ainda está aprendendo seu ofício. Já ouvi muitos dizerem que revisaram e ao me devolver o texto, tenho que revisar o revisor. Aí já é demais. Então, reviso eu mesma para não pagar por algo que não vou receber para fazer de novo depois.

João certa vez me disse:

– Ninguém faz a revisão que você faz, por isso nenhum revisor é bom para você.

Respondi:

– Pois eles deveriam tentar.

Revisar não é só procurar por erros. É descobrir onde o erro está escondido. Às vezes, ele não é aparente. Fica camuflado no sentido, querendo dizer ao contrário do que está escrito. Aí, quando se lê, a palavra não denuncia o erro, mas, sim, o significado.

Gostaria de mostrar um exemplo, mas quando eles aparecem, já é tarde: rapidamente o modificamos, matando o erro a pauladas. E aí me lembro do segundo ensinamento que aprendi quando era professora de inglês: não repita o erro, para que ele não se instale. Devemos apenas mostrar o certo, se quisermos ensinar. Mostrar o que está errado só dá mais força ao erro, e não é isso que queremos. Não queremos que o erro se repita.

Assim, os revisores são os malditos que ficam por trás do texto, refazendo o caminho do autor, percorrendo as sendas que o autor não percorreu – a não ser que este se torne um revisor afiado de seu próprio texto, missão rara e nobilíssima.

Ao editor (que é um revisor mais sofisticado), cabe ver o texto em larga escala, considerando todas as filigranas de seu conteúdo. Publicar, seja o que for, determina que o infinito se preserve, e as palavras se perpetuem, para que, quem venha a lê-lo, saiba que ali há um texto definitivo.

Por isso livros são tão preciosos, mas isso já é outro assunto.

Rio de Janeiro, 14 de fevereiro de 2010 – 23h41
Dia de São Valentim

PS A propósito do dia de hoje, que os brasileiros não comemoram, nem se sabe por que os americanos o celebram como Dia dos Namorados, descobri o motivo: este santo se tornou mártir em 14 de fevereiro de 270 por desobedecer ao Imperador Claudius I, celebrando casamentos, que haviam sido proibidos para que os homens pudessem se alistar, aumentando os exércitos. Preso, a filha do carcereiro, que não conseguia ver, pediu-lhe sua bênção, e ao dá-la, ela recuperou a visão. Apaixonado, Valentim escreveu-lhe uma carta, e assinou-a: "De seu Valentim". Então, o pedido que se faz no dia de hoje, "Seja meu Valentim", significa "Ama-me como Valentim".

"É EMOÇÃO O TEMPO TODO" (1)

Esta frase é do dono de uma gráfica com a qual trabalho. Ele sabe, como todos os editores, que um livro não é estático, ele muda, se transmuta à medida que vai-se fazendo, desde sua concepção. O autor inédito não imagina o processo pelo qual ele irá passar e, mesmo o autor já experiente, este também terá seus momentos de inconformismo.

Basta ver um exemplo recente: uma autora me pediu um livro com determinado número de páginas e acondicionamos o texto dentro do espaço pretendido. Podemos expandir o livro para ficar mais arejado, mas existe uma previsão de custo, um tamanho previsto, e não inventaríamos moda só para deixar páginas em branco, desnecessariamente.

Mas com a prova do livro em mãos, a autora não se conformou: pediu mais páginas em branco. Assim das páginas programadas, crescemos meio caderno, aumentando oito páginas e fechando com 80. Ficou um pouco mais "arejado", mas não tanto quanto ela gostaria: ela queria páginas em branco onde elas não cabiam. E frente e verso em branco no meio do livro, não!

Chegamos a um denominador comum: em vez das doze que ela indicou, aceitou as oito onde as colocamos, engrossando um pouco a lombada, encorpando mais o livro.

Já houve outra vez que depois de o livro ficar pronto e ser entregue, a autora me devolveu os exemplares pedindo um livro mais "gordinho". Espantada, eu disse que ela tinha aprovado aquele e que se ela tivesse dito que queria maior, eu o teria feito como ela pedisse. Não houve jeito, tivemos de refazer o miolo, colocar todas as páginas pares em branco, e lá ficou ela com seu livro mais grossinho – feliz da vida. Vai entender.

Houve mais uma que queria que os poemas de duas páginas começassem sempre na esquerda e terminassem na direita, para ela poder ler sem ter de virar a página...

– Ahá... – eu disse. – Claro, como você quiser...

Mas ela me disse isso depois da diagramação pronta! Lá tive eu de mandar fazer tudo de novo.

Agora dois meninos: um resolveu reescrever o livro depois de diagramado. Consequência: tive de jogar fora a diagramação e fazer outra, porque eram tantas "mexidinhas", que tudo saiu do lugar.

– Esquece – eu disse, – temos de fazer o livro de novo.

E o segundo? Este bateu todos os recordes: depois de mais de ano de revisão, com a diagramação aprovada, pronto para ir para a gráfica, ele me diz:

– Ah, vou reescrevê-lo numa oficina literária. Acho que o livro ainda não está bom.

Ele me voltou um ano depois com o texto "novo" sem nenhuma das minhas revisões – jogou fora todo o nosso trabalho, e tive de começar da estaca zero. Ou seja, tive de fazer a revisão de novo. Mais um ano se passou. Ao todo, o livro levou quase sete anos para ficar pronto, mas saiu: ficou um brinco.

A revisão é o calcanhar-de-aquiles do livro, é aí que moram (quase) todos os perigos. Só tenho um caso em que tudo o que podia dar errado, deu, desde a revisão, a diagramação, a capa, o fotolito, até a impressão. Tudo. Começamos a revisão e ela mudava o texto o tempo todo.

– Ah, tem que sair do jeito que eu quero!

Fomos para diagramação, depois de pronta, ela foi para casa e me ligou no dia seguinte:

– Sabe, não gostei da capa. O livro é meu, tem que ficar com a minha cara.

Então, por que não disse isso ontem? Passamos a madrugada em claro para fazer a nova capa com outro diagramador.

– Ah, agora quero acrescentar umas fotos.
– Vai ficar mais caro...
– Ah, mas dá para fazer, não dá?

Resultado, para encurtar a história: o livro só saiu porque eu quis, senão ele não existiria. A primeira impressão (devido a esse estica-e-puxa) deu toda errada. O impressor estava de mau-humor e resolveu imprimir o livro todo fora de lugar. Até as fotos ficaram fora de registro! O pior dos pesadelos.

Peguei o livro, mandei rediagramar, fazer outro fotolito da capa, liguei para outra gráfica, reorcei tudo de novo e mandei imprimir outra vez (claro, tínhamos um prazo de entrega, porque a autora, alucinada, queria porque queria lançar o livro no dia tal...). E sabe o que aconteceu? Ela recebeu o livro no dia do lançamento, lindo e maravilhoso, lançou-o com pompa e circunstância e nem sequer me agradeceu. E, ainda por cima, me deu um calote. Fiquei com a dívida da primeira gráfica até hoje para pagar (porque ela usou parte dos livros "ruins" para fazer um pré-lançamento, e tivemos de triar os melhores). A sorte que ele é meu amigo e nunca me cobrou, mas como eu iria pagar, se não recebi? A segunda gráfica não teve dó nem piedade, mandou pro pau (o calote nesse ano chegou a R$ 10.000,00, de três livros diferentes; o dela foi uma parte disso, mas não importa: o "aluguel" foi demais).

Como disse o dono da gráfica lá em cima: "É emoção o tempo todo".

Todo livro tem a sua história. E cada livro renderia um outro livro só para contá-la.

Rio de Janeiro, 25 de fevereiro de 2010 – 21h12

"É EMOÇÃO O TEMPO TODO" (2)

Pois é, me animei: se eu for contar todas as histórias que já me aconteceram nesses 10 anos de editora, eu não faria outra coisa.

Já apareceu de tudo, mas o denominador comum entre os autores é a pressa. Querem tudo para ontem. Chegaram agora e querem sair com o livro pronto. Por isso, insisto tanto na calma.

Outra característica comum é se acharem o máximo. Ninguém é melhor que eles. São os mais brilhantes e mais inteligentes e tiveram a grande sacada de escrever aquele livro. Senão, é justamente ao contrário, não têm certeza de nada, morrem de medo de crítica e não sabem por onde começam.

Outros têm orgulho embutido. Fica visível só uma pontinha para fora, mas está lá. Basta fazermos um comentário, que se arrepiam inteiros.

Eu soube que há autores que não fariam um livro comigo justamente porque eu "mexo demais". E há os que não se importam, que sabem que precisam disso mesmo, de alguém que ponha o dedo na ferida e diga:

– Isto aqui está errado.

O mais hilário é a discussão sobre vírgulas. Eu virgulo tudo. Onde tem que ter ponto, eu pontuo. Onde é travessão, ponho travessão. Nada de ficar um texto mal pontuado. Mas, as vírgulas, ninguém entende. Acham que atrapalham! Justamente estão ali para dar as pausas necessárias! Ler tudo direto sem pontuação tira o fôlego das pessoas.

Não me venham com Saramago, nem Veríssimo. Eles pontuem como quiser. Já ganharam alforria para isso. Mas eu indico a pontuação certa. Se não quiser pontuar, aí é outro problema. Tem todo direito de não pontuar. Porém, não declino o meu direito de dizê-lo.

Já houve livro que foi mal revisado por pressa; mal impresso por pressa; mal acabado por pressa. Quando a culpa não foi exclusiva da gráfica (o que também acontece), a culpa foi minha ou do autor. Do autor, por me apressar. Minha, por aceitar que ele me apressasse. E não revisar novamente, desconfiar novamente, checar novamente. Toda vez que confiei demais, deixei algum erro passar.

Em algum momento, os autores vão ter de aprender: ou acertam o passo com o livro, ou o livro vai lhes passar a perna, porque não pode haver dois senhores – ou bem é o livro ou o autor que manda. E nessa briga, ganha o livro, porque ele nunca irá ceder.

E, nós, que estamos aqui para servir aos dois – autor e livro – ficamos numa sinuca, onde cada um puxa de um lado, e nós, para frente.

As emoções de um livro não se repetem. Elas sempre se renovam. É outro livro, outra emoção, mesmo que tudo se pareça, nada é igual. Vê-se quando fazemos vários livros ao mesmo tempo. Estão ali, todos eles, lado a lado, como num berçário, quase recém-nascidos, embrionários, em fase de pré-livro, em forma de prova, ainda uma sombra do que serão e, cada um, tem um olhar distinto, um jeito próprio de vir-a-ser no mundo. Ali, a olhá-los, são todos parecidos e únicos ao mesmo tempo e, em nenhum momento, são idênticos. Irmãos que sejam, cada um traz sua própria personalidade.

Assistimos, embevecidos, ao nascer do livro, como coisa inédita que é. Nunca mais veremos outro igual. Nunca mais um autor igual. Nunca mais o livro estará ali, em estado de "pré-nascimento".

Mas, como em todos os partos, nunca esquecemos a primeira visão do rosto.

Rio de Janeiro, 26 de fevereiro de 2010 – 00h13

LIVRO É UM SER VIVO

Estava eu posta em sossego sábado à noite, quando me liga Pedro Lago, desesperado:
– Já mandou o arquivo do livro para a gráfica?
Eu respondi:
– Sim, claro.
– Ih, encontrei outro erro.
– Onde?
– Na citação de Balzac. Tem um R a mais numa palavra e nós não vimos...
– É um erro fácil de passar, depois de tantos que pegamos...

O livro passou por três provas de gráfica, fora as duas antes de mandarmos os arquivos para impressão. Mas não adianta: quantos mais erros houver no original, mais tempo levaremos para pegar todos, isto é, se quisermos pegar todos. Pois o olho não funciona como instrumento de precisão. O olho é vago. Ele vê o que quer e o que ele não quer ver, descarta. Oblitera. Sublima.

Assim, toda revisão tem de ser feita de modo regular, periódico, sistemático e, se possível, por quem nunca tenha visto o texto antes.
– Como você encontrou o erro?
– Pedi a um amigo para ler a citação em voz alta e aí ele viu que estava errado.
Eu disse:
– Pois é, você acabou de experienciar o livro dizendo para você onde ainda havia um erro. De onde tirou a ideia de pedir para ler justamente a citação?

— Sei lá.

— É assim mesmo. O livro só consegue nos fazer enxergar os erros que passaram ao acaso, não tem outro jeito, pois nossa leitura é sempre falha. A não ser que tenhamos todo o tempo do mundo. Mas queremos ver o livro pronto, por isso não temos paciência para revisar.

— Entendi...

Pedro acabara de viver na pele como isso acontece. Pode ser que algum outro errinho ainda tenha escapado. Nas sucessivas leituras que fizemos, eu e ele, sempre encontrávamos algo a mais que não tínhamos visto antes. E este (negligenciado por justamente estar logo na frente, e isso é comum) não poderia passar. Desse modo, de forma sutil, o livro indicou onde estava o erro, pedindo: "Leia-me."

Liguei imediatamente para Elô, a dona da gráfica, em Blumenau, no celular, e perguntei se o miolo já havia sido impresso. Por sorte, ela me disse que não. Então, pedi que esperasse até eu mandar a nova página, na segunda-feira, trocando a citação onde o autor encontrara o erro na última hora. O livro foi salvo pelo gongo. Se tivesse sido impresso, teríamos de mandar reimprimir aquele caderno. Isso pode acontecer, mas não foi necessário desta vez. Sorte nossa e sorte do livro (como se ele não soubesse...)

Hoje topei com uma citação de Anaïs Nin: "Lemos aquilo que precisamos. Há quase uma força obscura que nos guia para determinado livro".

Isso eu experimento toda vez que entro numa livraria. O livro me "chama", seja lá onde ele estiver na prateleira. Realmente, é uma força estranha que entra em ação, me chamando para o livro onde ele está, embaixo de um, ao lado de outro. Meu olhar busca o livro onde ele estiver escondido, e só para no momento em que o encontra.

É uma mágica que se instala na atração irresistível de um livro chamando seu leitor: "Leia-me", da mesma forma que ele pede para ser corrigido antes de ficar pronto. É um apelo, um grito, uma dor, como se dissesse: "Corrija-me, por favor".

O antes e o depois de um livro ficar pronto cria uma energia elástica, uma sintonia plástica entre aquele que faz o livro e quem o compra para ler. Existe uma tensão entre aquilo que foi escrito e quem precisa lê-lo. E todas as forças entram em ação para que o objeto atinja seu destino e encontre seu leitor.

"Lemos aquilo que precisamos". Nem mais, nem menos. Se não sabe o que ler, espere: o livro o encontrará.

Rio de Janeiro, 10 de março de 2010 – 22h10

10 de março de 2010

De Betina Kopp:
AMEI!!!!

De Flávio Machado:
Realmente interessante essa colocação ou constatação do livro como um ser vivo, muito bom o artigo.

De Renata Pallottini:
Lido, pensado, é mesmo!
Um abraço, Renata

De Mano Melo:
Adoro suas crônicas sobre edição. Você enxerga como uma cientista.
Beijos,
Mano

De Antonio Torres:
Tô repassando, Thereza Christina.
Bjs,
AT

De Andrea Milanez:
Curioso, você ter me mandado este texto, pois ontem fiquei na internet lendo Anaïs Nin e separei um texto que não tenho certeza se é poesia ou prosa poética para levar pro Ponte de Versos, acho que tivemos a mesma ideia... Outra curiosidade, há pouco mandei um texto falando de como compro livros e é exatamente como você descreveu. Jung chama isso de sincronicidade, pois coincidências para ele não existem. Estamos em sintonia.
bjs
Dedé

De Claudia Abreu Campos:
Boa, Thereza!

De Álvaro Alves de Faria:
Querida Thereza,
dá para fazer um livro com essas histórias.
Pense nisso.
Beijo,
Álvaro

De Pedro Lago:
Nossa, que repercussão! Fiquei honrado, sério mesmo.
Não preciso dizer que esse livro tem que ser feito, será muito interessante.

15 de março de 2010

De Amâncio Siqueira Rosa Neto:
De fato, o melhor revisor é aquele que nada saiba do livro. Há muito tempo (uma outra vida) participei de um livro, e uma frase era "Por onde anda a verdade?". Pois bem, eu fui o revisor do livro, e todas as vezes que o li esta frase estava completa. Quando saiu a versão impressa, lia-se: "Por anda a verdade?". Uma palavra inteira existia apenas no meu livro interior, fora da tela do computador, e era esse livro que eu lia. O ideal é que o revisor não traga o livro já em sua mente, ou o lerá daí, e não da prova que irá para a gráfica.

De Geane Masago:
Boa tarde, Thereza,
Nossa, acabei de ler o seu pensamento, e concordo plenamente. Estava mesmo precisando destas palavras, esperando chegar até os meus olhos...
Te explico o motivo, porque amo escrever, mas inúmeras vezes sinto que, no que escrevo, fica algo do tipo vago, ou desconecto, devido à gramática, verbalizações, concordâncias, e tudo o que corresponde à nossa língua, que é vasta e cheia de adornos... Tenho um pensamento: "Pensar é muito fácil, o problema é transcrever o que pensamos, dar vida aos pensamentos"... Penso muito nisso, no ato de escrever corretamente, e vejo isso de forma complicada, leio várias vezes o mesmo pensamento já escrito e, como num passe de mágica, toda vez que retorno a ele, encontro um erro quase imperceptível, escondidinho, e aquilo me incomoda. Mas fazer o quê, não sou perfeita e só me resta então aprimorar...
Thereza, gostei muito, obrigada, muito reflexivas as suas palavras...
Bjs carinhosos.. Até...

De Consuelo Marinho-Rouquette:
OS DEZ MANDAMENTOS DO REVISOR
(A ordem dos fatores não altera o produto)

1– Pela coerência dos tempos de verbo, velarás.
2– Palavras e expressões repetidas, evitarás.
3– Pronomes possessivos, economizarás.
4– Adjetivos em excesso, caçarás.
5– O emprego da crase, finalmente aprenderás.

6– Um bom dicionário, sempre consultarás.
7– Sinais de pontuação, bem empregarás.
8– As novas regras ortográficas, enfim conhecerás.
9– Leituras infindáveis, constantemente farás.
10– Uma paciência de Jó, armazenarás.

O ESPÍRITO DOS LIVROS

José Mindlin, imortal e bibliófilo, falecido há duas semanas, deixou-nos um legado perene: perpetuar os livros, pois, para ele, "os livros não desaparecerão jamais". Já outro bibliófilo, semiólogo e escritor italiano, Umberto Eco, os 30.000 livros de sua biblioteca são "os que ainda irá ler, senão, por que os guardaria?"

Piadas à parte, a verdade é que os livros cumprem um destino insólito: de preservar tudo o que o homem imaginou. Sem eles, nada saberíamos sobre egípcios e sumérios, babilônios e gregos, isso para citar os mais antigos, pois desde a invenção da imprensa, popularizaram-se as publicações de tal forma que praticamente todos podem realizar o sonho de publicar um livro.

Hoje, então, nem se fala. Gutenberg fez pelo livro o mesmo que Graham Bell pela comunicação virtual: acelerou os processos a ponto de não imaginarmos mais viver sem eles. As gráficas hoje tentam acompanhar a produção sob demanda. Além do papel reciclado, temos o papel de garrafa pet, o papel de plástico, que não dobra, não rasga, nem amassa. Quando pensamos nos primeiros livros impressos, temos a sensação de estar diante de um milagre.

Outro aspecto me chama a atenção: a sina da perseguição. Muitos livros já foram proibidos, queimados, banidos, indexados, destruídos e, claro, lidos às escondidas. Há um temor e um assombro em relação a eles, seja pelo que trazem ou pelo que revelam. Ler um livro ilumina.

Por tudo isso, todos que um dia colaboraram

em relação aos livros, seja criando bibliotecas, contrabandeando-os, guardando-os em lugar seguro, salvando-os de um incêndio ou de uma enchente, são dignos de um prêmio. O exemplo de Mindlin deve multiplicar-se, o de Eco, proliferar-se. Todos deveríamos ter 30.000 livros ainda por ler.

Meus pais sempre foram bibliófilos. Sempre havia um livro que estavam lendo. Antes de morrer, papai tinha a seu lado *As novelas exemplares*, de Miguel de Cervantes. Mindlin também dizia que ao encontrarmos um livro, nunca devemos preteri-lo: ele pode não estar mais lá quando voltarmos para buscá-lo. É o encontro de uma vida.

Um dos depoimentos mais fantásticos que ouvi foi o de um contista, Mariel Reis, ao dizer que crescera numa casa sem luz, e que se refugiava na biblioteca do bairro durante o dia para ler. Ali podia encontrar todos os autores que queria: aquele era o seu paraíso. Ele escreve como poucos autores contemporâneos que conheço. É de tirar o fôlego. A literatura salvou-o.

Ainda menina, aos dez anos, li uma crônica de Cecília Meireles e foi a primeira vez que "vi" o que estava escrito: chamava-se "A arte de ser feliz", e ela descrevia uma pomba sobre um globo de louça azul que, por vezes, ficava da mesma cor do céu e, assim, a pomba parecia pousada no ar... Eu estava fazendo uma leitura silenciosa na sala de aula, no quarto ano primário do Chapeuzinho Vermelho, levantei a cabeça... e eu vi a pomba pousada no ar!

O que um livro contém só faz sentido para quem o lê. Esse é o espírito do livro, que vive em nós depois que o lemos, que continua falando conosco muito tempo depois de tê-lo perdido em alguma mudança ou após uma separação. A biblioteca semovente que nos acompanha são os livros que guardamos, os que damos de presente, os que perdemos, os que esquecemos e só reencontramos em sebos.

Ontem, na TV, um homem anunciava que alguém havia jogado na lata de lixo em Nova York uma primeira edição de *Alice no país das maravilhas*, encadernado em couro vermelho, com bordas douradas, que valia quinze mil dólares! Quem o encontrou, guardou-o num cofre. Esta edição só não vale mais do que a feita à mão pelo próprio Lewis Carroll para presentear Alice Liddell.

Além do sentido para quem o lê, há para quem ouve falar do livro – por quanto tempo procuramos um livro que queremos ler? Às vezes, uma vida inteira. E ao encontrá-lo, novamente volto a Mindlin, é como se encontrássemos um velho amigo que perdemos de vista há muito tempo.

Esta missão de guardar, de escrever, de publicar, de vender livros, é das mais sagradas, pois livros são sagrados pelo que contêm. Uma grande livraria brasileira começou com uma senhora que emprestava os livros que havia trazido da Europa ao fugir da guerra. Outra começou com um rapaz que veio trabalhar em uma que fecharia uma semana depois e, para não deixá-la cerrar as portas, "tocou o negócio". Há muitas que já fecharam depois de viverem seu período áureo. Mas voltam, em outro lugar.

O espírito dos livros sempre pairou sobre as águas. E criou, à sua imagem e semelhança, os livros que lemos.

Rio de Janeiro, 13 de março de 2010 – 18h20

OS VÁRIOS LADOS DE UM LIVRO

As situações mais hilárias e as mais incríveis que vivi aconteceram fazendo livros. Desde índices com números de páginas errados pegos no último minuto na sala de pré-impressão antes de mandarmos para a gráfica, até originais que somem, livros com imagens desbotadas, cadernos fora de ordem, páginas invertidas, fotos sem resolução porque o diagramador fez a página com o triplo do tamanho do livro.

Quando penso que já vi tudo em termos de produção gráfica, sempre aparece uma novidade. Ao fazer um livro, tudo é inédito (até o próprio livro). O autor pode nos surpreender com uma faceta desconhecida de sua personalidade, o texto pode conter mais erros do que aparentava, a solução gráfica para uma capa pode parecer inatingível, quando tentamos de mil formas chegar a um formato final e nada dar certo.

São tantas nuances e tantos detalhes ao fazermos um livro que ao comprá-lo na livraria temos a certeza de estarmos diante de um milagre, justamente por todas as circunstâncias que o livro teve de vencer para estar ali, desde sua concepção à impressão final, e finalmente repousar naquela prateleira.

O caminho é intrincado e o que parece fácil, não é, como fazem parecer os mecanismos automatizados para a sua confecção – livro é arte, como uma bailarina na ponta da sapatilha ou a execução de um solo pelo *spalla* da Orquestra Sinfônica. Menosprezar esse ofício é tirar do homem a sua grande capacidade de permanência.

Tudo vezes tudo cabe nos livros, incluindo as memórias desses bailarinos e *spallas*. Ou seja, o que não vira livro (ou e-book para contar com uma mídia muito nova) acaba se tornando esquecimento. Mas para fazê-las se converter em livro é onde reside o grande salto – a materialização desse impulso.

E para isso enfrentamos de tudo – desde o mau tempo às más condições de mercado, às circunstâncias pessoais de cada um, às dificuldades de execução, às restrições de tempo, à falta de dinheiro, às situações mais improváveis e aos acasos mais inesperados.

Quando começo a trabalhar num livro, sempre me pergunto: "O que este livro me reserva? Que surpresa me trará? Que prazer me oferecerá? Que caminhos me abrirá?" Cada livro é uma nova possibilidade, cria novos encontros, traz novas amizades – ou até inimizades. Tudo é possível. Vivemos tão intensamente cada um, que parece que a vida se resume a eles.

Ao fazer um livro, muitos novos autores contabilizam uma tiragem pelo número de amigos, e eu logo explico: "Você vai precisar de livros para quem ainda irá conhecer, não só para quem já conhece".

Um livro abre portas, leva-nos a lugares nunca imaginados, possibilita encontros imprevistos, e coloca-nos em contato com pessoas que, de outra forma, não teríamos conhecido. Um livro viaja até onde nunca fomos. Entra em bibliotecas onde nunca pusemos os pés. E faz parte da bagagem de muita gente por aí. Já imaginou estar em todos esses lugares?

Assim, ao fazer livros, penso em tudo isso, não só na nota que irá sair no jornal, mas na notoriedade invisível e na preciosidade jamais dita que um livro tem para o seu leitor.

Rio de Janeiro, 19 de março de 2010 – 11h42 (Dia de São José)

AO ALCANCE DA MÃO

> *Talvez por isso lemos.*
> *Em momentos de trevas, voltamos aos livros*
> *para encontrar palavras para o que já sabemos.*
> Alberto Manguel, *Os livros e os dias*

O livro deve estar ao alcance da mão, quando não está em nossa memória.

O convívio com o livro é um hábito que se renova a cada página, como se ler fosse muito fácil e assim se torne à medida que lemos.

Ler aos poucos cria fôlego para se ler ainda mais, até não saber quanto se consegue devorar com os olhos.

Tudo é minuciosamente escrutinado, à procura de sinais, baixos-relevos, inscrições apenas palpáveis, adivinhadas entrelinhas.

Ler algo que nos soa correto, descortina um novo horizonte.

Olhamos detidamente para o que descobrimos.

É inaugurado um novo princípio e passamos à leitura seguinte mais sábios e mais ávidos.

Livros podem ser olhados ao acaso, como se folheássemos algo que não nos pertence, mas subitamente pode passar a fazer parte de nós.

E, uma vez que desvendemos esse segredo, jamais o perdemos, porém, só o compartilhamos com quem também já o desvendou.

O hábito da leitura tem de se instalar aos poucos.

Nada aos saltos perdura.

Para fazer sempre é preciso constância, passos lentos para se ir mais longe.

Ler apenas o que nos agrada, acostumar o olho à página, até que se aprenda a suportar qualquer texto e saber recusar um só de vê-lo de relance.
Não devemos nos forçar à leitura.
A leitura não prazerosa se torna automática. Nada fica.
Impossível reter qualquer palavra.
Ler durante o tempo que se tolera, imerso no texto, como um peixe – nadar até ficar exausto.
Tentar ler o que nunca se pensou gostar.
Inaugurar novos caminhos.
Cada leitura conduz a um destino não planejado.
E ao alcançá-lo, acreditar que não havia melhor lugar para se estar.
O livro é feito não apenas para os olhos, mas para o tato.
Tocá-lo faz parte da leitura.
Saber que o que emana dele recende a jasmim ou sândalo.
Deixamo-nos seduzir pelos sentidos.
Um livro é sempre um objeto para o toque.
O olho percebe o que as mãos já sabem.
E, ao saborear as palavras, sente-se repleto.

Rio de Janeiro, 21 de março de 2010 – 15h27

OS LIVROS IMITAM A VIDA

Para criar, Agatha Christie escrevia tudo o que lhe vinha à mente, como forma de guardar as melhores ideias para depois elaborá-las. Cada um tem seu processo de criação. Ela anotava tudo em cadernos.

Aos dez anos de idade, minha mãe criou em mim o hábito de escrever, dando-me um belo diário de capa vermelha. Ela me disse: "Escreva aqui tudo o que lhe passar pela cabeça, tudo o que sentir e tiver vontade de escrever."

Depois do primeiro caderno, veio o segundo, o terceiro, o quarto, que eu chamava carinhosamente de "Tudo e muito mais", e assim escrevi por mais de 30 anos. Foi ali que rascunhei os primeiros poemas, relatei as histórias de adolescência, desabafei os tédios e os cansaços da faculdade, os primeiros anos de trabalho, a vida adulta, os relacionamentos amorosos, os amigos, as viagens… até que, em 1996, comprei o primeiro computador e daí os cadernos passaram a ser usados de forma esporádica e espaçada, reservados apenas aos poemas ou anotações de viagem, momentos em que me dava o prazer de voltar a escrever como fiz por tantos anos.

Mas não "sentava para escrever", pois o computador e a vida profissional tomaram todo o tempo disponível. Até deixei de ler como costumava! Isso eu não podia permitir. Arrumei um jeito de voltar a ler, obriguei-me a abrir ao acaso livros que espalhei pela casa, em todos os lugares onde sentava, na cabeceira, na sala, no banheiro, na cozinha… e assim lia qualquer coisa onde abrisse o livro, um poema, um parágrafo, uma página, um capítulo, até ser interrompida por alguém.

O artifício não só fez com que eu voltasse a ler, como passasse a ler vários livros inteiros ao mesmo tempo, em português, inglês e francês, tudo o que eu gostasse ou quisesse ler. Livro tem que estar ao alcance da mão, não na prateleira.

O livro é um reflexo do que vivemos. Fatalmente, lemos aquilo que "precisamos ler". Muitas vezes, escrevemos aquilo que alguém precisa saber. Livros criam uma conexão estranha entre autor e leitor sem que se conheçam. Certa vez, uma pessoa me disse: "Aprendi espanhol com o melhor professor: Borges".

A leitura não deve ser obrigatória, mas aquilo que "temos de ler", no fundo, é o que precisamos conhecer de alguma maneira e o que rejeitamos talvez só possa ser lido muito tempo depois.

A pior situação que passei foi nunca ter lido nenhum livro de um poeta contemporâneo (mesmo conhecendo seus livros de vista), nunca ter tido a curiosidade de descobri-lo e ele me aparecer em carne e osso num lançamento que eu não sabia ser o dele. Quase sumi no chão, pois eu deveria conhecê-lo (afinal é neto de um grande poeta brasileiro, e filho de outro tão grande quanto o pai) e ele teve a simplicidade de não me humilhar: tornamo-nos amigos de imediato.

Ninguém me convence de que brasileiro não gosta de ler. Pode ser que ele não tenha dinheiro para comprar livros, mas gostar de ler, gosta, como gosta de escrever e dizer poemas, e ler a poesia alheia. Talvez não todos, mas muitos, e o hábito da leitura (como o hábito de escrever) deve ser incutido desde cedo, como fez minha mãe, não só me dando um caderno em branco, como lendo para mim todas as noites antes de dormir.

Um dia, um amigo me deu um caderninho de anotações de capa dura e me disse:

— Eu não encontrei algo melhor para lhe dar.

Eu respondi:

— Você me deu o melhor presente: me deu o livro que ainda vou escrever.

Rio de Janeiro, 23 de março de 2010 – 22h29

Querida Thereza Christina,
Também eu amo escrever em cadernos. Lembro também de meu avô anotando poemas em cadernetas de capas cinzentas, dessas de contas a pagar no "bolicho". Poesia... minha veia portuguesa.
Beijos,
Raquel Naveira
24 de março de 2010

LIVROS QUE MARCAM

Que livro marcou sua vida? Não apenas um, mas quais livros mostraram o caminho para que o pensamento trabalhasse nas soluções que estava buscando? Que coisas foram trazidas através de um romance, de um poema, de um conto, casualmente expostas como narrativa despretensiosa de um autor não menos despretensioso?

Trafegamos, ao longo da vida, por livros que nunca se fecham, onde sempre voltamos àquela frase, àquele verso, àquela citação que não queremos esquecer.

Esses livros, escritos há décadas, séculos ou milênios, por incansáveis cultivadores de palavras, pessoas que se curvaram sobre o papel, contando como eles viveram ou viveram seus personagens, reais ou imaginários, mas que, uma vez escritos, tornam-se eternos, e retornam toda vez que abrimos as páginas desses livros.

Capitu realmente existiu? Ou Bentinho? Quais personagens de Machado não têm traços verdadeiros de algum rosto? O que se soma à vida depois que são criadas as histórias?

Tudo é ficção e, ao mesmo tempo, a vivemos, como uma peça que encenamos. Shakespeare cunhou os mais belos sonetos e criou personagens para suas tragédias e comédias a partir de uma observação atenta.

O autor escreve sobre o que vê e, desse modo, nos empresta sua narrativa sobre fatos tão verdadeiros, que mesmo que nunca tenham ocorrido, aconteceram no livro. Diante disso, o que para nós é contado como ficção, nos molda e forja nosso íntimo. Aprendemos imitando os mais sábios, os que viveram antes de nós.

Às vezes, a pureza de um personagem nos comove. Sua confusão nos ilumina, pois vemos o que ele não vê. Aprendemos, vendo-o enfrentar os perigos, para que, ao viver nossos dramas, eles passem como viramos a página de um livro. Ou ainda, diante da alegria inesperada, nos espelhemos nos amantes que lemos, sôfregos, à espera de que sobrevivam.

Vêm da antiga mitologia os embates com seres indescritíveis, animais de sete cabeças, minotauros, gigantes, ciclopes, deuses vingativos e pragas de deusas mal amadas. Os gregos construíram uma civilização a partir deles, os romanos ergueram seu império com os deuses que arrebanharam dos povos que conquistaram. Mesmo entre tantas lendas, o ser humano continua o mesmo, que descreve, à sua forma, aquilo que vê, sente e pensa.

Se, para São João, no Apocalipse, o que ele via eram gafanhotos gigantes, hoje sabemos que poderiam ser helicópteros a sobrevoar a ilha de Pátmos em sua mente. Mas o que fica de tudo o que é escrito é a lição de que viver faz parte da missão do homem, não apenas o que ele faz, mas como o faz. E ele só poderá aprender a fazê-lo, se o aprender com alguém.

O mestre nem sempre é encarnado. Ele pode estar encadernado num livro.

Rio de Janeiro, 24 de março de 2010 – 21h11

O REFÚGIO DOS LIVROS

Escritor que se preze tem seu livro em sebo. É só garimpar um pouco que logo encontra algum exemplar perdido, empoeirado entre tantos livros "descartados" por alguma família que precisou desfazer-se dos bens do falecido. Mas quando isso não acontece? Quando é o próprio dedicado que se desfaz do exemplar que lhe ofertamos?

Tenho alguns dos meus livros esgotados, e uma forma que consegui de reavê-los foi caçando-os em sebos, tirando-os do limbo. E um deles, ao reavê-lo, vi que a página da dedicatória tinha sido cirurgicamente removida. Só um olhar atento, ou do dono, saberia que ali faltava uma página.

Para saciar minha curiosidade, vi contra a luz a dedicatória posta, para ver se conseguia adivinhar para quem havia sido dado e, qual não foi minha surpresa, quando li a ranhura, a quem tinha entregue aquele exemplar.

Logo me perguntei: por quê? Por que, se ele não morreu, resolveu se desfazer do meu livro? Falta de espaço? Arrumação extemporânea? Jogado fora por engano, pela mulher ciumenta, quem sabe? Mas não me conformei. E senti como uma dor estranha a sua recusa a permanecer com meu livro.

A alegria, no entanto, foi revendê-lo, pois alguém mais o queria e, mesmo assim, ex-dedicado e com páginas a menos, o livro seguiu feliz para seu novo dono, que, provavelmente, não se livrará dele tão cedo.

Livros têm esse mistério. Podem ficar por décadas entre outros livros, enjeitados como um órfão, um Oliver Twist inconformado, mas silente. Às vezes, os vemos e temos o impulso de pegá-los, apenas para olhar. Mas outras, não. Seguimos em frente em nossos afazeres e deixamos os livros à espera.

O fascínio de uma grande biblioteca é o mesmo que sentimos ao ver um céu cheio de estrelas. Um ar admirado a contemplar tantos livros ao mesmo tempo, mesmo sem tocar nenhum. Esse fascínio temos de passar a outras pessoas, para que também busquem nos livros aquilo que sabemos estar ali.

Uma das cenas que mais me comoveu em *Nunca te vi, sempre te amei*, quando a autora, ao saber da morte do amigo livreiro que nunca encontrou e que, por décadas, lhe forneceu os livros que pedia, escolhidos, um a um, em castelos ingleses, foi a declaração: "Uma vez, me disseram que se eu quisesse ler boa literatura em inglês, eu deveria buscá-los na Inglaterra. E agora posso dizer: eles estão aqui... Eles estão aqui."

A Charing Cross Road para mim, depois que assisti ao filme, passou a ser o ícone do lugar dos livros, que cada livraria, seja onde estiver, representa.

Rio de Janeiro, 24 de março de 2010 – 21h40

ASSIM COMO AS PESSOAS, OS LIVROS NASCEM

Assim como as pessoas, os livros nascem.
Assim como as pessoas, eles são descobertos.
E tantas vezes enquanto houver pessoas procurando descobri-los.
Os livros, como as pessoas, envelhecem.
Têm manchas de idade, dobras, marcas de expressão.
Assim como as pessoas, os livros são abandonados.
E, também, quando reencontrados, são capazes de ser amados novamente.
Os livros, como as pessoas, podem até ser interpretados de modos diferentes, mesmo contando exatamente a mesma coisa.
Talvez seja por isso que os livros se ocupem sempre em contar histórias da vida das pessoas.
Por serem tão parecidas com as deles.
Na verdade, os livros e as pessoas diferem apenas em um ponto: o final.
Porque, ao contrário das pessoas, um livro nunca morre.

(adaptado de um texto de Marcelo Conde no marcador do sebo Livros, Livros e Livros, na Rua Rainha Elizabeth, 122, loja E, Copacabana, Posto 6)

Rio de Janeiro, 1º de abril de 2010 – 21h24

NASCER COM OS LIVROS

Talvez aprendamos a fazer livros, seja escrevendo-os ou editando-os, porém a lição não termina aí. É preciso fazer com que circulem, que se sejam vendidos, divulgados, anunciados, distribuídos.

Tudo isso se mistura numa única receita que cada vez mais pessoas se sentem compelidas a aprender. Como se fazem os livros? Para onde eles vão? Quem os lê? Para quem escrevemos? O que acharão do que está escrito?

Cada autor tem o seu desafio – e este desafio é dele, de mais ninguém. Minha amiga Rosália Milsztajn escreveu *A história dos seios* – um livro belo e pungente (publicado pela 7Letras) sobre sua própria lida com desconstrução e reconstrução de sua forma feminina. Tanussi Cardoso completou 30 anos de poesia publicando *50 Poemas escolhidos pelo autor*, lançado pela Galo Branco. Feito heróico e histórico.

Todos participam de alguma forma do esforço do autor – seja o que ele deixa transparecer, seja o que os outros esperam ver. É sempre um mistério.

Acabo de concluir alguns livros que me marcaram por sua persistência: se não tivesse tido a paciência de terminá-los estariam inconclusos. Todo livro exige sua dose de tenacidade – se você desistir dele, ninguém mais o fará. Há livros que pedem para serem impressos – outros são de uma preguiça mortal, que quase nos carregam junto para a tumba.

Só pensamos em livros – dia e noite. Do raiar do sol ao anoitecer, os livros imperam – virtuais, de papel, infantis, clássicos, contemporâneos, modernos ou esquecidos.

Por mais que eu me esforce, o assunto não se esgota e sempre surgem novos livros para serem feitos – e mesmo que detestemos todo o sofrimento que isso implica, nunca desistimos até terminá-los.

Ontem assisti a um filme delicioso que justamente aborda nosso tema: livros. Judy Holliday, Oscar de Melhor Atriz de 1951, por *Nascida ontem* (*Born yesterday*), contracenando com o garboso William Holden, fazendo o papel de um professor de literatura, história e filosofia que "abre" os olhos da caipirona americana para um "mundo que ela nunca vira".

Foi hilário revê-la folheando livros e dicionários, saciando a sede de conhecimento que mostrou a ela que não era uma "ninguém". Ela era o que pensava e o que sabia – e o namorado politiqueiro que queria apenas que ela deixasse de ser ignorante, perdeu-a para a vida que existe nos livros, que ele jamais poderia proporcionar a ela.

Há filmes que devem ser revistos e este é um – para nos lembrar que seja de que modo for – o que lemos (e escrevemos e publicamos) faz toda a diferença.

Rio de Janeiro, 15 de abril de 2010 – 3h00

~

Thereza,
Em "Nascer com os livros", você toca em um ponto muito importante quando diz sobre os livros: "É preciso fazer com que circulem", ou seja, como despertar o gosto pela leitura para levá-lo a circular? Em meu trabalho atual, no Sistema Estadual de Bibliotecas, venho descobrindo

*uma forma de eles circularem, pelas doações que recebemos e passamos para todas as Bibliotecas dos Municípios do Rio de Janeiro. Percebo como é gratificante e grandioso o trabalho desenvolvido no interior, o esforço quase impossível, devido à carência de tudo, que as pessoas responsáveis pelas Bibliotecas fazem para conseguir o livro e permitir que as pessoas que não têm condições de comprá-lo possam lê-lo, além disso, ainda desenvolvem um trabalho com as crianças, motivando-as a ler. Você não imagina a alegria estampada nos rostos dos que conseguem um carro para chegar até o SEB para escolher os livros e levá-los para suas cidades e, por incrível que pareça, adoram Poesia, criam eventos de Poesia. Assim, compreendo que seria ótimo vender nossos livros, mas como comercializar o que é desconhecido? Como comercializar o que é conhecido apenas para nós, Poetas, que compramos os livros uns dos outros? Acredito que o grande nó está em como fazer o livro circular. Se for pelo desenvolvimento do gosto pela leitura vai levar séculos. Entusiasmada com o que vejo, venho tentando motivar os Poetas a doar um ou dois livros para serem distribuídos aos Municípios, em sua grande maioria, carente. Se conseguir, eles não receberão dinheiro pela venda, mas, podem ter certeza que seus livros irão circular.
Beijos,
Heloisa Igreja
20 de abril de 2010*

LIVROS DE UMA VIDA INTEIRA

As plantas nascem pequenas, não importa o tamanho que tenham quando forem grandes. As crianças são igualmente pequenas, tão mínimas quando uma noz ou uma semente, que crescem para assumir seu tamanho. E como a água rega as plantas, os livros regam os homens, assim como as palavras que lhes dizemos desde jovens. E sem pretender afogá-los, damo-lhes a justa medida de palavras, a conta-gotas, para que absorvam aos poucos o que saberão pelo resto da vida.

A cada dia, um novo livro assoma à nossa porta, para nos dizer aquilo que queremos saber, e numa ciranda de ideias armazenadas, bem acondicionadas em páginas que se seguem, uma à outra, perfeitamente encaixadas. Não pretendemos saber tudo, nem de longe, nem um dia. Mas nos dá uma imensa alegria pensar que saberemos mais ao encontrar um livro de surpresa, ou aquele que tanto buscamos.

O melhor livro é o que nos completa, o que nos empresta as palavras certas, nos diz o que estávamos esperando ouvir (ou ler). E a partir da novidade dita, poderemos compartilhá-la, duplicá-la, transmiti-la, copiá-la, repensá-la, tudo numa fração de segundos. A vida passa mais devagar quando pensamos. Dá tempo de refletir sobre tudo. Detemo-nos diante de um poema como se tocássemos a pedra filosofal. Aquela que tem o condão de transformar tudo em ouro.

São de ouro as nossas ideias, os nossos pensamentos, tudo o que aprendemos a fazer, tudo o que podemos ensinar, compartir, dividir, doar. A vida se presta aos préstimos. Àquilo que emprestamos de nós, em cada palavra que dizemos.

Aprender novas palavras: eis o desafio do homem. Aprender a dizê-las, aprender a usá-las, aprender a ensinar a dizê-las, com seu sentido e significado, com seu peso e matéria. Palavras para tudo o que somos e pretendemos saber.

E o único repositório das palavras (além das cartas bem escritas e dos diários e jornais abandonados) são os livros que colecionamos a vida inteira, esses portais de sabedoria que carregamos por toda a parte, e abrimos como quem procura um tesouro e sabe que irá encontrá-lo.

Rio de Janeiro, 27 de abril de 2010 – 02h02

~

Thereza,
Que coisa linda, didática. Impressionante como você escreve, de forma clara e determinante. Todo estudante principiante deveria conhecer este texto – só acrescenta e estimula os jovens.
Marco Silva
27 de abril de 2010

Thereza,
Isso mesmo. "O melhor livro é o que nos completa".
Abraços,
Valdir Rocha
27 de abril de 2010

Concordo inteiramente, livros que me tocam, são aqueles que eu leio direto sem parar, quando isso acontece, tenho certeza que o livro me pegou para a vida inteira.

*Beijos,
Flávio Machado
27 de abril de 2010*

*Querida Thereza,
de sua ótima crônica ou* personal essay, *destaco "A vida passa mais devagar quando pensamos". É isso aí, eis o antídoto para a velocidade da vida contemporânea. Brecar a agitação louca com a contemplação, a leitura e a escrita que são lentas, porque se processam no tempo.
Beijos,
Astrid Cabral
27 de abril de 2010*

O LIVRO ALTRUÍSTA

Por mais que nos esforcemos, não conseguimos mostrar aos nossos autores quanto é difícil fazer livros. Difícil, porque nos deparamos com uma miríade de questões de todo tipo.

Primeiro, lidar com a personalidade do autor: que figuras! Quando ele não sabe o que quer, sabe demais e começa a dar ordens. Ou então, põe as manguinhas de fora quando o livro fica pronto. É aí que descobrimos toda a educação que a mãe não deu a ele.

Segundo, lidar com as intempéries do livro: as sucessivas revisões, as extenuantes alterações, as mudanças necessárias e a visão microscópica para não deixar passar erros (em geral cometidos pelo próprio autor e que temos de "caçar" a olho nu).

Terceiro, com a pressa inerente ao ser humano: todo mundo parece querer tudo para ontem, quando não se fazem livros em três dias. Nem em sete, nem trinta. Livros levam muito mais tempo do que se espera. E temos de esperar que fiquem prontos. Isso eu digo e repito e, toda vez que tentam colocar o pé no acelerador, o livro dá errado.

Quarto: por mais que se faça, nunca parecerá o suficiente. Assim o tempo que gastei revisando o livro não será reconhecido, porque qualquer coisa que saia errado parecerá que não fiz o que eu deveria ter feito, quando fiz tudo o que pude para que desse certo.

Só há uma saída: quando o autor aceita, humildemente, que o orientemos e ele nos acompanhe passo a passo, sem duvidar. Todo o meu esforço é hercúleo, é sobre-humano, é maior do que eu. Mas tudo isso parece valer menos quando aquilo que fiz não é reconhecido por erros alheios à minha vontade.

Nem tudo dá certo. Nem tudo pode ser uma maravilha, nem todos os livros são um sucesso desde o seu lançamento. Para isso o autor precisa estar consciente de seu despreparo, de sua fragilidade, de sua ignorância ao lançar um livro – ele nunca fez isso antes. E mesmo que tenha feito, sempre parecerá a primeira vez.

É preciso fazer isso de modo inocente, como criança. Ter uma candura e um coração maior que tudo, e saber que ninguém irá querer prejudicá-lo. Muito pelo contrário. Ninguém trabalha para que as coisas deem errado.

Quinto e último: livros só valem a pena quando são amados. Se o fizermos com fito de lucro ou soberba, seremos o primeiro alvo de seu descaso. Livro não foi feito para ostentação. Foi feito para diversão e compartilhamento.

É o objeto mais altruísta do homem: ele permanece no lugar do autor, para que seu ensinamento, sua mensagem perdure. Então, não pode ser feito por vaidade. O livro não é vaidoso. Ele é simples, por mais belo que pareça.

E nessa simplicidade, o que for menos, vale mais.

Rio de Janeiro, 11 de maio de 2010 – 19h32

∽

Belíssima e sábia reflexão!

Parabéns, querida amiga.
Beijo,
Admar Branco

Thereza,
belo desabafo lítero-editorial! Parabéns por sua mensagem e sua dedicação ao livro. Beijos!
Carlos Costa

Quem escreve é a caneta, e não eu.
Poema, saia da caneta!
PS Isso é que é humildade!
Abçs,
Antonio Gutman

A VIDA DOS LIVROS

Ted Roosevelt dizia ser parte de tudo o que leu e, naturalmente, tudo o que havia lido fazia parte dele. "Leia muito, mas não livros demais", já aconselhava Benjamin Franklin, que devia enxergar nos livros algum excesso de ideias. E Abraham Lincoln, mais pragmático, disse: "O que quero saber está nos livros; meu melhor amigo é aquele que me dá um livro que ainda não li".

A memória, o primeiro celeiro do pensamento humano, é a grande arma para vencer o tempo. Ao passar nosso pensamento para as páginas de um livro, fazemos algo mais do que preservar a história e os fatos: mantemos vivos quem os escreveu. Assim, todo livro tem uma vida própria, por quem o escreveu e para quem o lê. O tempo só volta a se mover ao abrirmos as páginas desse livro. Ali estão preservados todos os sentidos de quando foram escritos: até o vento sibila nas folhas, e as ondas repetem seu som; tudo se move dentro dos livros que lemos.

A vida dos livros é a que tomamos emprestado quando mergulhamos naquilo que lemos. Seja ficção ou não-ficção, um livro técnico ou autoajuda, um livro cumpre uma função única: trazer o antigo, revelar o novo, familiarizar-nos com aquilo que não conhecemos. Fazemos imensas descobertas só de folhear um livro. Os olhos procuram algo inédito e logo encontram.

Para quem gosta de ouvir histórias, a palavra é sempre bem-vinda. Ler para alguém é um santo remédio.

"Bons amigos, bons livros e uma consciência limpa: eis a vida ideal". Assim Mark Twain equilibrava os melhores elementos para uma existência pacífica. Já Voltaire, mais perspicaz, avisava: "Apenas os amigos roubam os seus livros". O que é um livro subtraído ou nunca devolvido?

A vida se encerra num livro como a gema e a clara dentro do ovo. Sem abri-lo, nunca poderemos desfrutá-lo. "Há uma grande diferença entre um homem ansioso que quer ler um livro e outro cansado, que quer um livro para ler", lembrava G. K. Chesterton. Compartilhamos com os livros os nossos melhores momentos, a nossa maior intimidade. Ler escondido faz parte dessa vida secreta dos livros. Livros se escondem na estante, ficam invisíveis entre os outros, só para serem reencontrados.

"Não conheço nenhum problema que uma hora de leitura não consiga aplacar", vaticinava o Barão de Montesquieu. Desde que surgiram, os livros acompanham os homens em suas lides e suas batalhas. O Marquês de Maricá não deixava por menos: "A paixão da leitura é a mais inocente, a mais aprazível e a menos dispendiosa". Economizar tostões está na ordem do dia para quem prefere ler. Um livro serve de diversão por muito tempo. Nada de prazeres fugazes. Devemos procurar valores permanentes.

"Podemos viajar longas distâncias apenas lendo livros", escreveu Andrew Lang, poeta, romancista e crítico literário escocês, falecido em 1912. Quem nunca foi à China que já não se imaginou caminhando pela Grande Muralha? Aquilo que não vemos sente-se aguçado pelos ouvidos a imaginá-lo. E ao descrevê-lo, damos a possibilidade de visão a quem não vê. É possível experimentar mesmo sendo apenas um bom ouvinte.

"A vida só é possível reinventada". Cecília Meireles reinventava a cada poema, a cada crônica que escrevia. E não há outro modo de reinventar a vida, senão através de um livro.

O livro que escolhemos é o guia, o farol, a pedra fundamental de todo conhecimento, de todo saber, de todo aprendizado; é por ele que passam os grandes homens; por ele onde começam as crianças; por ele que se educa e se aprende; por ele encontramos o caminho das conquistas.

Seja qual for seu *know-how*, o livro possui o condão de devolver o que foi perdido, de encontrar o que se buscava, de dizer o que nunca foi dito, de lembrar o que se esqueceu.

Busque um livro como se busca um amigo. Mesmo que este lhe diga, como Shams disse a Rûmî, arremessando todos os livros que este carregava ao chão: "Está na hora de viver tudo o que já leu".

Ler nos ensina a saber o que é mais importante. Tudo o que lemos permanece conosco, mesmo que não lembremos. Mas a mente guarda a relíquia da leitura como uma visão inesquecível.

Rio de Janeiro, 19 de maio de 2010 – 22h52

~

Thereza, querida,
Que coisa bonita o texto de "A vida dos livros" do seu último email.
Obrigado e carinhos.
Oscar Castro-Neves

Lancei meu livro no chão, meu 1º livro no solo.
Abçs
Antonio Gutman

SOBRE A AUTORA

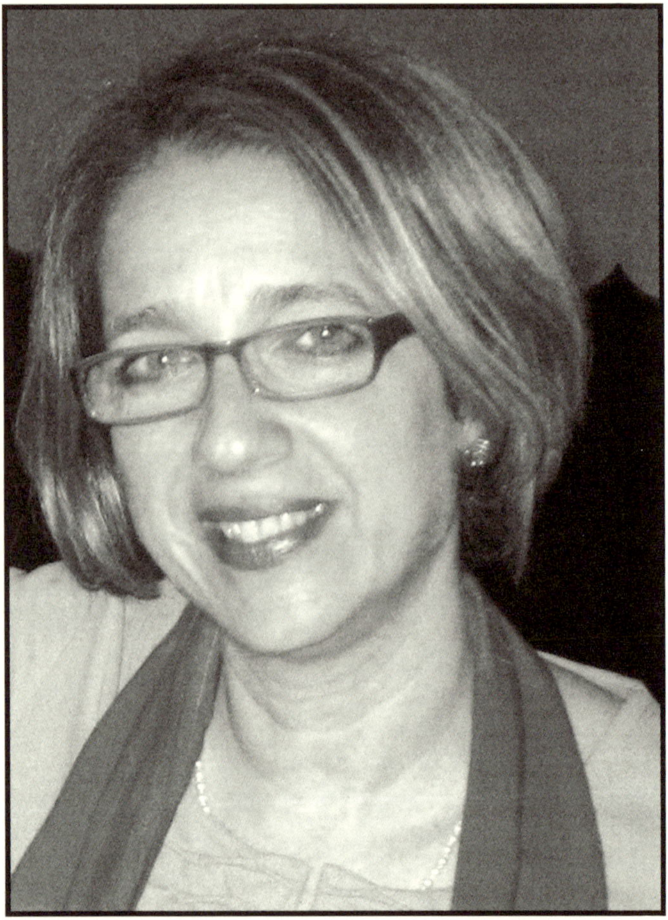

Thereza Christina Rocque da Motta nasceu em São Paulo, em 10 de julho de 1957. Poeta, editora e tradutora, formou-se na Faculdade de Direito Mackenzie em 1981. Foi chefe de pesquisa do *Guinness Book – O Livro dos Recordes*, em 1992 e coordenadora de pesquisa brasileira dos Projetos Especiais da Editora Três até 1995.

Lecionou inglês em empresas de 1986 a 2002 e tornou-se tradutora jurídica a partir de 1996. Foi editora do *Jornal Análise*, do DCE da Universidade Mackenzie, de 1978 a 1980.

Fundou o Poeco – Só Poesia, em 1980 e publicou coletâneas do grupo (*Ensaio I, II, III, IV e V*) entre 1980 e 1982. Colaborou em diversas antologias poéticas como *Carne Viva* (1984) e a *Antologia da Nova Poesia Brasileira* (1992), organizadas por Olga Savary e *Contra Lamúria* (Pindaíba, 1994). Participou da *Ponte Poética* (Ed. Sette Letras, 1995), com poetas do Rio de Janeiro e São Paulo, e das leituras do *Poesia 96* e *97*, promovidas pela Secretaria Municipal de Cultura de São Paulo; do livro *Intimidades transvistas* (Escrituras, 1997), com 80 pinturas de Valdir Rocha e poemas de Eunice Arruda, Hamilton Faria, Jorge Mautner, Neide Archanjo, Olga Savary, Raimundo Gadelha, Raquel Naveira, Renata Pallottini e Renato Gonda, entre outros; da *Antologia de Poesia Contemporânea Brasileira* (Alma Azul, Portugal, 2000), organizada por Álvaro Alves de Faria, de *Poemas cariocas* (2000), *Ponte de Versos: 4 anos – Uma antologia carioca* (2003), da coletânea *Rios,* com os poetas Elaine Pauvolid, Márcio Catunda, Ricardo Alfaya e Tanussi Cardoso (2003) e *Ponte de Versos: 8 anos* (2008), além de publicar poemas na revista *Poesia Sempre* No. 14, da Biblioteca Nacional do Rio de Janeiro, em agosto de 2001.

Publicou *Relógio de sol* (1980), *Papel arroz* (1981), *Joio & trigo* (1982, 1983, 2005), *Areal* (1995), *Sabbath* (1998), *Alba* (2001), *Chiaroscuro – Poems in the dark* (2002), *Lilacs/Lilases* (2003), *Marco Polo e a Princesa Azul* (2008), *O mais puro amor de Abelardo e Heloísa* (2009), *Futebol e mais nada* (2010) e o pôster-poema "Décima lua" (1983).

Traduziu romances de Thomas H. Cook (*Instrumentos da noite* e *O caso da Escola Chatham*, Lacerda, 2001), Sue Monk Kidd (*A Sereia e o monge,* Prestígio, 2006) e Nina Bernstein (*Um livro mágico*, Moderna, 2006); livros de não-ficção de John Grogan (*Marley & Eu*, Prestígio, 2006*),* Greg Mortenson e David O. Relin (*A terceira xícara de chá,* Ediouro, 2007) e John Curran (*Os cadernos secretos de Agatha Christie*, Leya, 2010) e também, de Anne Morrow Lindbergh, *O Unicórnio e outros poemas* (a sair) e Shakespeare, *44 Sonetos escolhidos* (2006) e *154 Sonetos* (2009).

Tomou parte do II Encontro Internacional de Escritoras, em Rosário, Argentina em 2000 e da Conference on World Affairs, na Universidade do Colorado, em Boulder, EUA, em 2002, 2003 (quando fez uma leitura de seus poemas em inglês e português, acompanhada ao teclado e violão por Don Grusin e Oscar Castro-Neves) e 2005.

Consta da *Enciclopédia de Literatura Brasileira* (Global, 2001), de Afrânio Coutinho, revista, ampliada e atualizada por Rita Moutinho e Graça Coutinho e do *Dicionário Crítico de Escritoras Brasileiras* (Escrituras, 2002), organizado por Nelly Novaes Coelho.

É membro e diretora da REBRA (Rede Brasileira de Escritoras) desde 1999 e pertence à LIBRE (Liga Brasileira de Editoras) desde 2002. Coordena o evento Ponte de Versos há dez anos. Fundou a Ibis Libris em 2000.

Acabou-se de imprimir
em 10 de julho de 2010,
na cidade de Blumenau,
nas oficinas da Nova Letra,
especialmente para Ibis Libris.
O papel usado no miolo
foi o Pólen Bold 90g/m2
e na capa, o Cartão Supremo 250g/m2.